W0047417

»Versöhnung ist mitten im Streit und alles Getrennte findet sich wieder«, heißt es in Hölderlins Roman *Hyperion*. – Wie gehen wir mit Freunden und mit Feinden um, wie streiten wir uns, wie legen wir einen Konflikt bei?

Versöhnung ist nicht leicht; und sie will bedacht sein. Wahre Versöhnung läßt durchaus Kritik zu, sie stellt Anstrengung und Arbeit dar, auch an sich selbst.

Was im Leben des einzelnen gefordert wird, gilt auch für die Gesellschaft, für Völker und Staaten: Liberalität, Toleranz, Verständigung, Konfliktlösung mit dem Ziel, Gerechtigkeit und Frieden zu schaffen.

Wie haben Dichter, Philosophen, Theologen, deren Stimmen dieser Band versammelt, seit zweieinhalbtausend Jahren darüber gedacht? Können sie uns helfen, die heutigen Probleme angemessen zu bewältigen? Sicher geben sie keine Patentrezepte. Aber sie weisen Wege, über die nachzudenken sich lohnt.

insel taschenbuch 2779
Von der Versöhnung

Von der Versöhnung

Texte zum Nachdenken
Ausgewählt von
Hans-Joachim Simm
Insel Verlag

Umschlagabbildung:
Sandro Botticelli, Primavera. Ausschnitt
Galleria degli Uffizi, Florenz

insel taschenbuch 2779
Erste Auflage 2001
© Insel Verlag Frankfurt am Main und Leipzig 1999
Nachweise und Hinweise zu dieser Ausgabe am Schluß des Bandes
Vertrieb durch den Suhrkamp Taschenbuch Verlag
Umschlag nach Entwürfen von Willy Fleckhaus
Satz: jürgen ullrich typosatz, Nördlingen
Druck: Nomos Verlagsgesellschaft, Baden-Baden
Printed in Germany

1 2 3 4 5 6 – 06 05 04 03 02 01

Versöhnung ist mitten im Streit
und alles Getrennte findet sich wieder.

Friedrich Hölderlin,
Hyperion

... die Versöhnung war immer
noch reicher als der Streit ...

Achim von Arnim,
Armut, Reichtum, Schuld und Buße
der Gräfin Dolores

Und er sprach zu mir: Du Menschenkind, so spricht der HERR HERR: Dies sollen die Sitten des Altars sein des Tages, da er gemacht ist, daß man Brandopfer darauf lege und Blut darauf sprenge. Und den Priestern von Levi aus dem Samen Zadoks, die da vor mich treten, daß sie mir dienen, spricht der HERR HERR, sollst du geben einen jungen Farren zum Sündopfer. Und von desselben Blut sollst du nehmen und seine vier Hörner damit besprengen und die vier Ecken an dem obersten Absatz und um die Leiste herum; damit sollst du ihn entsündigen und versöhnen. Und sollst den Farren des Sündopfers nehmen und ihn verbrennen an einem Ort am Hause, der dazu verordnet ist außerhalb des Heiligtums. Aber am andern Tage sollst du einen Ziegenbock opfern, der ohne Fehl sei, zu einem Sündopfer und den Altar damit entsündigen, wie er mit dem Farren entsündigt ist. Und wenn das Entsündigen vollendet ist, sollst du einen jungen Farren opfern, der ohne Fehl sei, und einen Widder von der Herde ohne Fehl. Und sollst sie beide vor dem HERRN opfern; und die Priester sollen Salz darauf streuen und sollen sie also opfern dem HERRN zum Brandopfer. Also sollst du sieben Tage nacheinander täglich einen Bock zum Sündopfer opfern; und sie sollen einen jungen Farren und einen Widder von der Herde, die beide ohne Fehl sind, opfern. Und sollen also sieben Tage lang den Altar versöhnen und ihn reinigen und ihre Hände füllen.

HESEKIEL 43, 18-26

Aller Bosheit wird das Maul
gestopft werden

Danket dem HERRN; denn er ist freundlich, und seine Güte währet ewiglich. So sollen sagen, die erlöst sind durch den HERRN, die er aus der Not erlöst hat und die er aus den Ländern zusammengebracht hat vom Aufgang, vom Niedergang, von Mitternacht und vom Meer. Die irregingen in der Wüste, in ungebahntem Wege, und fanden keine Stadt, da sie wohnen konnten, hungrig und durstig, und ihre Seele verschmachtete; die zum HERRN riefen in ihrer Not, und er errettete sie aus ihren Ängsten und führte sie einen richtigen Weg, daß sie gingen zur Stadt, da sie wohnen konnten: die sollen dem HERRN danken für seine Güte und für seine Wunder, die er an den Menschenkindern tut, daß er sättigt die durstige Seele und füllt die hungrige Seele mit Gutem. Die da sitzen mußten in Finsternis und Dunkel, gefangen in Zwang und Eisen, darum daß sie Gottes Geboten ungehorsam gewesen waren und das Gesetz des Höchsten geschändet hatten, dafür ihr Herz mit Unglück geplagt werden mußte, daß sie dalagen und ihnen niemand half; die zum HERRN riefen in ihrer Not, und er half ihnen aus ihren Ängsten und führte sie aus der Finsternis und Dunkel und zerriß ihre Bande: die sollen dem HERRN danken für seine Güte und für seine Wunder, die er an den Menschenkindern tut, daß er zerbricht eherne Türen und zerschlägt eiserne Riegel. Die Narren, so geplagt waren um ihrer Übertretung willen und um ihrer Sünden willen, daß ihnen ekelte vor aller Speise und sie todkrank wurden; die riefen zum HERRN in ihrer

Not, und er half ihnen aus ihren Ängsten, er sandte sein Wort und machte sie gesund und errettete sie, daß sie nicht starben: die sollen dem HERRN danken für seine Güte und für seine Wunder, die er an den Menschenkindern tut, und Dank opfern und erzählen seine Werke mit Freuden. Die mit Schiffen auf dem Meer fuhren und trieben ihren Handel in großen Wassern; die des HERRN Werke erfahren haben und seine Wunder im Meer, wenn er sprach und einen Sturmwind erregte, der die Wellen erhob, und sie gen Himmel fuhren und in den Abgrund fuhren, daß ihre Seele vor Angst verzagte, daß sie taumelten und wankten wie ein Trunkener und wußten keinen Rat mehr; die zum HERRN schrieen in ihrer Not, und er führte sie aus ihren Ängsten und stillte das Ungewitter, daß die Wellen sich legten und sie froh wurden, daß es still geworden war und er sie zu Lande brachte nach ihrem Wunsch: die sollen dem HERRN danken für seine Güte und für seine Wunder, die er an den Menschenkindern tut, und ihn bei der Gemeinde preisen und bei den Alten rühmen. Er machte Bäche trocken und ließ Wasserquellen versiegen, daß ein fruchtbar Land zur Salzwüste wurde um der Bosheit willen derer, die darin wohnten. Er machte das Trockene wiederum wasserreich und im dürren Lande Wasserquellen und hat die Hungrigen dahingesetzt, daß sie eine Stadt zurichten, da sie wohnen konnten, und Äcker besäen und Weinberge pflanzen möchten und die jährlichen Früchte gewönnen. Und er segnete sie, daß sie sich sehr mehrten, und gab ihnen viel Vieh. Sie waren niedergedrückt und geschwächt von dem Bösen, das sie gezwungen und gedrungen hatte. Er schüttete Verachtung auf die Fürsten und ließ sie irren in der Wüste, da kein Weg ist, und schützte den Armen vor Elend und mehrte sein Geschlecht wie eine Herde. Solches werden die Frommen sehen und sich freuen; und aller Bosheit wird das Maul gestopft werden. Wer ist weise und behält dies? So werden sie merken, wie viel Wohltaten der HERR erzeigt.

PSALM 107

Und der HERR redete mit Mose und sprach: Des zehnten Tages in diesem siebenten Monat ist der Versöhnungstag. Der soll bei euch heilig heißen, daß ihr zusammenkommt; da sollt ihr euren Leib kasteien und dem HERRN opfern und sollt keine Arbeit tun an diesem Tage; denn es ist der Versöhnungstag, daß ihr versöhnt werdet vor dem HERRN, eurem Gott. Denn wer seinen Leib nicht kasteit an diesem Tage, der soll aus seinem Volk ausgerottet werden. Und wer dieses Tages irgend eine Arbeit tut, den will ich vertilgen aus seinem Volk. Darum sollt ihr keine Arbeit tun. Das soll ein ewiges Recht sein euren Nachkommen in allen ihren Wohnungen. Es ist euer großer Sabbat, daß ihr eure Leiber kasteit. Am neunten Tage des Monats zu Abend sollt ihr diesen Sabbat halten, von Abend bis wieder zu Abend.

2. MOSE 23, 26-32

Da konnte sich Joseph nicht länger enthalten vor allen, die um ihn her standen, und er rief: Laßt jedermann von mir hinausgehen! Und kein Mensch stand bei ihm, da sich Joseph seinen Brüdern zu erkennen gab. Und er weinte laut, daß es die Ägypter und das Gesinde des Pharao hörten, und sprach zu seinen Brüdern: Ich bin Joseph. Lebt mein Vater noch? und seine Brüder konnten ihm nicht antworten, so erschraken sie vor seinem Angesicht. Er aber sprach zu seinen Brüdern: Tretet doch her zu mir! Und sie traten herzu. Und er sprach: Ich bin Joseph euer Bruder, den ihr nach Ägypten verkauft habt. Und nun bekümmert euch nicht und denkt nicht, daß ich darum zürne, daß ihr mich hierher verkauft habt; denn um eures Lebens willen hat mich Gott vor euch her gesandt. Denn dies sind zwei Jahre, daß es teuer im Lande ist; und sind noch fünf Jahre, daß kein Pflügen und Ernten sein wird. Aber Gott hat mich vor euch her gesandt, daß er euch übrig behalte auf Erden und euer Leben errette durch eine große Errettung. Und nun, ihr habt mich nicht hergesandt, sondern Gott, der hat mich Pharao zum Vater gesetzt und zum Herrn über all sein Haus und zum Fürsten in ganz Ägyptenland. Eilet nun und zieht hinauf zu meinem Vater und sagt ihm: Das läßt dir Joseph, dein Sohn, sagen: Gott hat mich zum Herrn in ganz Ägypten gesetzt; komm herab zu mir, säume nicht; du sollst im Lande Gosen wohnen und nahe bei mir sein, du und deine Kinder und deine Kindeskinder, dein kleines und dein großes Vieh und alles, was du hast. Ich will dich daselbst versorgen; denn es sind noch fünf Jahre der Teuerung, auf daß du nicht verderbest mit deinem Hause und allem, was du hast. Siehe, eure Augen sehen und die Augen meines Bruders Benjamin, daß ich mündlich mit euch rede. Verkündigt meinem Vater alle meine Herrlichkeit in Ägypten und alles, was ihr gesehen habt; eilt und kommt hernieder mit meinem Vater hierher. Und er fiel seinem Bruder Benjamin um den Hals und weinte; und Benjamin weinte auch an seinem Halse. Und er küßte alle seine Brüder und weinte über ihnen. Darnach redeten seine Brüder mit ihm. Und da das Gerücht kam in Pharaos Haus, daß Josephs Brüder gekommen wären, gefiel es Pharao wohl und allen seinen Knechten. Und Pharao sprach zu Joseph: Sage deinen Brüdern: Tut also, beladet eure Tiere, zieht hin; und wenn ihr kommt ins Land Kanaan, so nehmt euren Vater und alle die Euren und kommt zu mir; ich will euch Güter geben in Ägyptenland, daß ihr essen sollt das Mark im Lande; und gebiete ihnen: Tut also, nehmet Wagen für eure Kinder und Weiber und führet euren Vater und kommt; und sehet euren Hausrat nicht an; denn die Güter des ganzen Landes Ägypten sollen euer sein. Die Kinder Israels taten also. Und Joseph gab ihnen Wagen nach dem Befehl Pharaos und Zehrung auf den Weg und gab ihnen allen, einem jeglichem, ein Feierkleid; aber Benjamin gab er dreihundert Silberlinge und fünf Feierkleider. Und seinem Vater sandte er dabei zehn Esel, mit Gut aus Ägypten beladen, und zehn Eselinnen mit Getreide und Brot und Speise seinem Vater auf den Weg. Also ließ er seine Brüder von sich, und sie zogen hin; und er sprach zu ihnen: Zanket nicht auf dem Wege! Also zogen sie hinauf von Ägypten und kamen ins Land Kanaan zu ihrem Vater Jakob und verkündigten ihm und sprachen: Joseph lebt noch und ist Herr im ganzen

Ägyptenland. Aber sein Herz dachte gar viel anders, denn er glaubte ihnen nicht. Da sagten sie ihm alle Worte Josephs, die er zu ihnen gesagt hatte. Und da er sah die Wagen, die ihm Joseph gesandt hatte, ihn zu führen, ward der Geist Jakobs, ihres Vaters, lebendig, und Israel sprach: Ich habe genug, daß mein Sohn noch lebt; ich will hin und ihn sehen, ehe ich sterbe.

1. MOSE 46, 1-28

Ein Granatbaum und ein Apfelbaum stritten darüber, wer fruchtbarer sei. Als daraus ein großer Zank entstand, rief ein Dornstrauch, der ihn vom nahen Zaun hörte: »Freunde, hören wir doch einmal auf zu streiten.«

ÄSOP

Rechtsstreitigkeiten schlichten kann ich so gut wie jeder andere. Was aber vonnöten ist, wäre, das Volk dazu zu bringen, daß es nicht mehr streitet.

Der Edle sucht anderen Gutes und nicht Böses zu tun. Der kleine Mann tut gerade das Gegenteil davon.

KONFUZIUS

Dasselbe ist: lebendig und tot und wach und schlafend und jung und alt. Denn dieses ist umschlagend in jenes und jenes umschlagend in dieses.

HERAKLIT

Verbittert ist der schwer zu Versöhnende, der lange den Zorn festhält; er verschließt die Erregung in seinem Innern und hört damit erst auf, wenn er Vergeltung geübt hat. Denn geübte Vergeltung beschwichtigt die Erregung, indem sie das Gefühl des Schmerzes durch ein Gefühl der Befriedigung ersetzt. Geschieht das nicht, so wirkt der Druck weiter. Denn da die Erregung nicht offen heraustritt, so kann einem solchen auch keiner gut zureden; innerlich aber die Erregung zu verarbeiten, dazu braucht es der Zeit. Diese Art von Menschen ist sich selbst und den vertrautesten Freunden die schwerste Last.

ARISTOTELES

Die Folgerung der Stoiker ist einfach: da sie der Ansicht waren, daß das Ziel der Güter die Übereinstimmung mit der Natur sei und im Einklang mit ihr zu leben, und da dies nicht nur in der Pflicht, sondern auch in der Gewalt des Weisen stehe, so folgt notwendig daraus, daß der, in dessen Gewalt das oberste Gut ist, auch das glückselige Leben in seiner Gewalt habe. Also ist das Leben des Weisen immer glückselig.

CICERO

Wenn dir jemand hinterbringt, daß der oder jener gehässig über dich spricht, so verteidige dich nicht gegen dessen Behauptungen, sondern antworte: Er wußte wohl die andern Fehler nicht, die mir noch anhaften, sonst hätte er nicht bloß diese angeführt.

EPIKTET

Die Verfassung Zenons erstreckt sich auf diese eine Hauptsache, daß wir nicht mehr nach Städten und Gemeinden wohnen sollen, je einzeln durch eigene Gesetze getrennt, sondern daß wir alle Menschen für Volksgenossen und (Mit-)Bürger halten sollen, eine einzige Lebensweise und Ordnung soll sein, wie eine Herde, die gemeinsam nach dem gleichen Gesetz auf gemeinsamer Trift weidet. Alexander kam, indem er sich für einen gemeinsamen, von Gott her bestellten Ordner und Versöhner aller hielt, der die, die er nicht durch das Wort zusammenbrachte, mit Waffen zwang. Und auf dieselbe Mitte hin vereinigte er sie von überall her, wie in einem Freundschaftspokal mischend die Lebensweisen und Sitten, Ehen und Lebensunterhalte. Und er verordnete, daß alle die Ökumene für das Vaterland halten sollten, das Heerlager als Schutzburg und Schirm, als Verwandte die Rechtschaffenen, als Fremdstämmige die Bösen.

PLUTARCH

Das Gleichnis vom verlorenen Sohn

Jesus sagte: »Ein Mann hatte zwei Söhne. Eines Tages sagte der jüngere zum Vater: ›Vater, gib mir mein Erbteil.‹ Daraufhin teilte der Vater seinen Besitz unter die beiden Söhne auf. Kurze Zeit später machte der jüngere Sohn alles, was er bekommen hatte, zu Geld und zog fort in ein fernes Land. Dort vergeudete er sein Erbteil durch ein liederliches Leben. Als er alles aufgebraucht hatte, brach gerade eine schwere Hungersnot in jenem Land aus, so daß er in großes Elend geriet. Er wandte sich um Hilfe an einen der Bürger des Landes, und der schickte ihn aufs Feld zum Schweinehüten. Dort sah er die Johannesbrotbaum-Schoten, die als Futter für die Schweine dienten, und er hatte einen Riesenhunger, aber niemand gab ihm welche. Da ging er in sich und sagte sich: ›Manch ein Lohnarbeiter meines Vaters hat mehr Brot als genug, und ich muß hier Hungers sterben. Ich will mich zu meinem Vater aufmachen und ihm sagen: Vater, ich habe gesündigt vor Gott und vor dir. Ich habe es nicht verdient, weiter dein Sohn zu heißen. Stell mich als einen deiner Lohnarbeiter an.‹ Und er machte sich auf zu seinem Vater. Dieser erblickte ihn schon von weitem, und sein Sohn tat ihm von Herzen leid. Er rannte auf ihn zu, fiel ihm um den Hals und umarmte und küßte ihn. Der Sohn sagte: ›Vater, ich habe gesündigt vor Gott und vor dir. Ich habe es nicht verdient, weiter dein Sohn zu heißen.‹ Da forderte der Vater seine Bediensteten auf: ›Holt schnell ein Feiertagsgewand und zieht es ihm an, steckt ihm einen Ring an den Finger und gebt ihm Sandalen. Holt das Mastkalb und schlachtet es, wir wollen ein Festmahl halten. Denn er, mein Sohn, war tot und ist wieder lebendig, er war verloren und wurde wiedergefunden.‹ Und sie begannen, ein Freudenfest zu feiern. Als aber der ältere Sohn vom Felde nach Hause kam und Musik und Tanz hörte, rief er einen der Bediensteten zu sich und fragte, was denn da los sei. Der antwortete: ›Dein Bruder ist da. Dein Vater hat das Mastkalb schlachten lassen, weil dein Bruder heil wieder zurück ist.‹ Da wurde der ältere Sohn böse und weigerte sich, das Haus zu betreten. Als sein Vater herauskam, um ihn hereinzubitten, sagte er: ›So viele Jahre schon schufte ich für dich. Jeden Auftrag habe ich erfüllt. Mir hast du niemals auch nur ein Böcklein gegönnt, wenn ich mit Freunden feiern wollte. Aber kaum taucht dieser da, dein Sohn, der sein Vermögen mit Huren durchgebracht hat, wieder auf, da schlachtest du für ihn das Mastkalb!‹ Der Vater sagte: ›Aber mein Sohn, du bist doch immer bei mir, und alles, was mir gehört, ist auch dein Besitz. Du solltest dich freuen und mitfeiern, denn er, dein Bruder, war tot und ist wieder lebendig, er war verloren und wurde wiedergefunden.‹«

LUKAS 15, 11-32

Alle, die mit Christus verbunden sind, sind wie neu geschaffen. Das Alte ist vergangen, alles ist neu geworden. Der Ursprung dafür liegt bei Gott, der Jesus Christus gesandt hat, damit er zwischen ihm und uns Versöhnung stiftet. Und mich hat er beauftragt, dabei zu helfen. Denn durch den Messias Jesus hat Gott Versöhnung zwischen sich und der Welt gestiftet. Er hat den Menschen in der Welt ihre Schuld vergeben und mich beauftragt, die Versöhnungsbotschaft auszurichten. So stehe ich als Gesandter im Dienst Jesu, des Messias. Es ist, wie wenn Gott durch mich die Menschen dazu auffordert: »Laßt euch mit mir versöhnen.« Darum bitte ich euch anstelle Jesu Christi. Jesus war ohne Schuld, doch weil Gott alle unsere Schuld auf ihm abgeladen hat, wurden wir durch Jesus Christus von der Schuld freigesprochen und stehen daher so gerecht da, wie Gott es will.

2. KORINTHERBRIEF 5, 17-21

Doch jetzt gibt es einen anderen Weg, wie man – unabhängig vom Gesetz – für Gott als gerecht annehmbar werden kann, einen Weg, der aber ebenfalls von Gesetz und Propheten bezeugt wird. Dieser neue Weg führt über den Glauben an Jesus Christus und steht für alle offen, wenn sie nur glauben. Da gibt es keinerlei Unterschiede zwischen Juden und Nichtjuden. Denn alle sind wir Sünder, und wir haben auch nicht das kleinste Fünkchen von Gottes Lichtglanz und Herrlichkeit. Und wie werden alle gerecht? Dadurch, daß Gott gnädig etwas schenkt. Denn Jesus Christus hat die Menschen befreit. Wie und warum? Den gewaltsamen Tod Jesu hat Gott als Anlaß genommen, um Jesus Christus für alle und öffentlich zum Ort der Vergebung zu machen. So hat Gott bewiesen, daß er selbst gerecht ist, indem er die Sünden, die die Menschen vorher begangen hatten, nachsichtig vergeben hat. Diese Vergebung wird dem einzelnen dadurch zuteil, daß er an Jesus als ihren Vermittler glaubt. Gott hat jetzt gezeigt, daß er selbst gerecht ist, das heißt, daß er aus reiner Barmherzigkeit Gemeinschaft mit Menschen will, und er nimmt den Menschen, der an Jesus glaubt, als gerecht an. Der Glaube macht den Menschen für Gott als gerecht annehmbar. Und was ist mit dem Stolz der Juden? Der hat dann keine Berechtigung mehr! Und das Gesetz? Am Gesetz, das durch Werke erfüllt wird, hat sich nichts geändert. Das Neue besteht darin, daß der Sinn des Gesetzes, daß nämlich Menschen gerecht sein sollen, durch Glauben erlangt wird. Denn nach unserer Auffassung wird ein Mensch nie durch Werke gerecht, die das Gesetz fordert, sondern durch Glauben. Ist Gott nur für die Juden da und nicht für die Heiden? Doch, auch für die Heiden! Denn es gibt nur einen einzigen Gott, und er will beide als gerecht annehmen, die Juden und die Heiden, und beide werden für ihn dadurch annehmbar, daß sie glauben. Wird also durch unsere Deutung des Glaubens das Gesetz beseitigt? Keineswegs! Das Gesetz wird dadurch sogar bestätigt, daß sein Sinn positiv gesehen wird.

RÖMERBRIEF 3, 21-31

Die Liebe tut dem Nächsten
nichts Böses an

Das ist eben die Regel der Liebe, daß der Mensch die Güter, die er sich wünscht, auch dem Nächsten zukommen lassen will, und was er an Übeln sich nicht wünscht, auch dem Nächsten nicht zustoßen lassen will. Und diesen Willen hegt er für alle Menschen. Denn niemandem soll man Böses erweisen: »Die Liebe tut dem Nächsten nichts Böses an.« Lieben wir daher auch, wie uns geboten ist, unsere Feinde, wenn wir wahrhaft unüberwindlich sein wollen. Denn durch sich selbst ist kein Mensch unüberwindlich, sondern durch jenes unwandelbare Gesetz, das allein die frei macht, die sich ihm unterwerfen. So kann ihnen, was sie lieben, nicht weggenommen werden: dieser eine Umstand schafft bereits unüberwindliche, ja vollkommene Männer. Liebt der Mensch nämlich den Menschen nicht so wie sich selbst, sondern so, wie er sein Haustier, sein Bad oder ein buntgefiedertes, zwitscherndes Vöglein liebt, das heißt, daß er aus ihm ein zeitliches Vergnügen oder einen Nutzen ziehen möchte: in einem solchen Fall wird er zwangsläufig zum Sklaven werden, aber nicht eines Menschen, sondern, was viel schimpflicher ist, zum Sklaven des häßlichsten und verabscheuungswürdigsten Lasters, mit dem er den Menschen nicht so liebt, wie der Mensch geliebt werden soll. Unter der Herrschaft dieses Lasters wird er zum niedrigsten Leben oder vielmehr zum Tode geführt.

AUGUSTIN

Dann sprach der Meister diesen Vers:
Nicht-Sehen eines Dings, das ist Haften am Sehen,
Treibende Wolken verhüllen den Glanz der Sonne.
Nicht-Wissen eines Dings, das ist Haften am Wissen,
Ein Blitzschlag durchdringt die Leere des Raums.
Plötzlich entsteht, was du weißt und siehst,
Denn alles Denken ist unverständlich.
Erkenne im Denken, daß dein Denken falsch ist,
Dann erst erstrahlt dir das innere Licht.
Dschi-dschang verneigte sich und dankte dem Meister
für seine Erklärung.

HI-NENG

Sag, was quält dich so

Fairefis von Anjou
und Parzival – sie beide
hieß man sehr willkommen
auf der Treppe vor dem Palas.
Man ging dann in den Saal hinauf.
Drinnen lagen, wie dort üblich,
hundert Teppiche, groß und rund,
auf jedem war ein Daunenkissen
mit seidener, gesteppter Decke.
Verhielten sich die beiden richtig,
so setzten sie sich irgendwo,
bis man ihre Rüstung holte.
Ein Kämmerer schritt auf sie zu
und brachte ihnen reiche Kleidung –
die eine war der andren gleich.

Und alle Ritter nahmen Platz.
Man brachte viele Trinkgefäße,
teuer, golden – nicht aus Glas!
Fairefis und Parzival
tranken und dann gingen sie
Zum tief betrübten Anfortas.
Ihr habt schon längst erfahren, daß
er lehnte und schon nicht mehr saß,
und auch: wie schön sein Tragbett war.
Dort empfing Anfortas beide,
hoch beglückt und tief bedrückt.
»Mit Schmerzen habe ich gewartet,
ob Ihr mich jemals glücklich stimmt.
Ihr ließt mich letzthin so zurück,
daß Ihr jetzt Reue zeigen müßtet –
falls Ihr noch lieben, helfen könnt.
Hat man Euch je einmal gerühmt,
so sorgt dafür, daß mich die Ritter
und die Jungfraun sterben lassen,
daß meine Qual ein Ende findet.
Ist Euer Name Parzival,
verhindert eine Woche lang,
daß ich den Gral erblicken muß –
damit endet, meine Qual.
Ich wag nicht, deutlicher zu werden –
wohl Euch, wenn man Euch Helfer nennt.
Euer Begleiter ist mir fremd –
ich will nicht, daß er vor mir steht.
Drum sorgt dafür, daß er sich setzt.«
Schluchzend sagte Parzival:
»Sagt mir, wo der Gral hier liegt.

Wenn Gottes Liebe an mir siegt,
so wird das die Gemeinschaft spüren!«
Er kniete dreimal hin, in Richtung
Gral, der Trinität zu Ehren,
und erflehte die Befreiung
des armen Mannes von der Qual.
Er richtete sich auf und fragte:
»Oheim, sag, was quält dich so?«
Der Sankt Silvester einen Stier
vom Tod erwecken und gehen ließ,
der Lazarus erstehen ließ,
derselbe half hier, daß Anfortas
gesundete, ja ganz genas.
Franzosen nennen es »fleuri« –
Auf seine Haut trat solch ein Glanz!
Parzivals Schönheit: jetzt ein Nichts!
Und Absolon, der Sohn des David,
und Vergulaht von Ascaloun,
und alle von Geburt aus Schönen,
und wie man Gahmuret gerühmt,
als man diese Augenweide
in Kanvolais beim Einzug sah –
sie erreichten nicht die Schönheit
des Anfortas – nach der Krankheit!
Auch heut ist Gottes Weisheit groß.
Nun gab es keine andre Wahl
zum Herrscher, als sie auf dem Gral
die Inschrift zeigte: Parzival –
er wurde dort sehr rasch als König
und als Herrscher anerkannt.

WOLFRAM VON ESCHENBACH

Man liest im Buch der Väter, daß ein Mensch einem
heiligen Vater klagte, daß er zu leiden habe. Da sprach
der Vater: ›Willst du, Sohn, daß ich Gott bitte, er möge
dir's abnehmen?‹ Da sagte der andere: ›Nein, Vater, denn
es ist mir heilsam, das erkenne ich wohl. Bitte vielmehr
Gott, er möge mir seine Gnade verleihen, auf daß ich's
willig leide.‹

MEISTER ECKHART

Wer das Recht des Fremden verletzt,
der verletzt das Recht Gottes.

HAGIGA

O süße, wenn auch schwarze Zeit, o Nacht,
Die jedes Werk in ihren Frieden reißt,
Gut von Verstand und Aug' ist, wer dich preist,
Und wer dich ehrt, hat heilen Geists gedacht.

Dem müden Denken hast du Ruh' gebracht,
Das in der schattenfeuchten Stille kreist,
Und aus der Tiefe trägst du meinen Geist
Im Traum empor, wohin ich hoffend tracht'.

O Schattenbild des Todes, in dir endet
Die böse Not der Seelen und der Herzen,
Du allen Leides letzter Heilungsborn,

Du bist's, der krankem Fleisch Gesundheit spendet
Du trocknest Tränen, linderst alle Schmerzen
Und raubst den Guten Überdruß und Zorn.

Von der Rache

Rache ist eine Art wilder Rechtspflege, und je mehr die Menschennatur ihr zustrebt, um so mehr sollte das Gesetz sie ausrotten, denn ein Unrecht beleidigt zunächst nur das Gesetz, aber die Vergeltung dieses Unrechts setzt das Gesetz außer Kraft. Ein Mensch, der sich rächt, steht seinem Feinde gleich; wenn er aber darüber hinwegsieht, ist er ihm überlegen, denn das Vergeben ist königlich. Wenn ich nicht irre, so sagt Salomo: »Es ist der Ruhm eines Mannes, Beleidigungen nicht zu beachten.« Geschehen ist geschehen und unwiederbringlich; und verständige Menschen haben genug zu tun mit gegenwärtigen und künftigen Dingen. Darum spielen die mit sich selbst, die mit vergangenen Dingen arbeiten. Kein Mensch tut Unrecht um des Unrechts willen, sondern um sich Gewinn oder Vergnügen oder Ehre oder ähnliches zu verschaffen. Sollte ich darum einem Menschen zürnen, weil er sich mehr liebt als mich? Und wenn jemand lediglich aus Bosheit Unrecht täte, nun, so würde er dem Dornstrauch gleichen, der sticht und kratzt, weil er nichts anderes tun kann.

Am ehesten dulden kann man die Rache für ein Unrecht, das nicht mit Hilfe eines Gesetzes gebüßt werden kann. Dann soll man aber dafür sorgen, daß die Rache nicht dem Gesetz zuwiderläuft, sonst ist der Feind erst recht im Vorteil, und es stehen zwei gegen einen. Manche Leute wünschen, wenn sie Rache nehmen, daß der Gegner erfährt, woher sie kommt. Das ist großmütiger, denn die Befriedigung liegt anscheinend nicht so sehr darin, daß man den Gegner verletzt als daß man seine Reue weckt. Niedrige und verschlagene Schurken aber sind wie der Pfeil, der im Dunkeln fliegt. Cosimo, der Herzog von Florenz, gebrauchte einmal eine äußerst scharfe Redewendung gegen treulose oder nachlässige Freunde, als seien ihre Kränkungen unverzeihlich: »Ihr lest«, so sagte er, »daß uns geboten ist, unseren Feinden zu vergeben, aber nirgends kann man lesen, daß uns geboten ist, unseren Freunden zu vergeben.« Dagegen war Hiobs Geist auf eine bessere Melodie abgestimmt: »Sollen wir«, so fragte er, »nur Gutes aus Gottes Hand entgegennehmen und nicht auch zufrieden sein, das Leid auf uns zu nehmen?« Das gilt entsprechend auch für Freunde. Gewiß hält ein Mensch, der auf Rache sinnt, Wunden frisch, die sonst heilen und verharschen könnten. Rache für Staatsverbrechen bringt meist Glück – so die für den Tod Cäsars, den Tod des Pertinax, den Tod Heinrichs III. von Frankreich und viele andere. Nicht dagegen die Rache im Privatleben: rachsüchtige Menschen leben vielmehr wie Hexen, die, da sie gehässig sind, auch unglücklich enden.

FRANCIS BACON

Darum ist alles Fabel und Babel, was aus Schlüssen der menschlichen Selbheit ohne göttliche Erkenntnis und Willen geschieht, und ist nur ein Werk des Gestirns und der äußern Welt, und wird von Gott nicht für sein Werk erkannt, sondern ist ein Spiegel des ringenden Rades der Natur, da Gutes und Böses miteinander ringet. Was das Gute bauet, das zerbricht das Böse; und was das Böse bauet, das zerbricht das Gute. Und dies ist der große Jammer der vergebenen Mühseligkeit, welches alles in Gerichte Gottes zum Scheiden des Zankes gehöret.

JAKOB BÖHME

Sei dennoch unverzagt. Gib dennoch unverloren.
Weich keinem Glücke nicht. Steh' höher als der Neid.
Vergnüge dich an dir, und acht es für kein Leid,
hat sich gleich wider dich Glück', Ort, und Zeit
                       verschworen.

Was dich betrübt und labt, halt alles für erkoren.
Nimm dein Verhängnis an. Lass' alles unbereut.
Tu, was getan muß sein, und eh man dirs gebeut.
Was du noch hoffen kannst, das wird noch stets
                       geboren.

Was klagt, was lobt man doch? Sein Unglück und
                       sein Glücke
Ist ihm ein jeder selbst. Schau alle Sachen an.
Dies alles ist in dir, laß deinen eiteln Wahn,
und eh du vörder gehst, so geh' in dich zurücke.

Wer sein selbst Meister ist, und sich beherrschen kann,
dem ist die weite Welt und alles untertan.

PAUL FLEMMING

Den Ruf der Höflichkeit erwerben: denn er ist hinreichend, um beliebt zu sein. Die Höflichkeit ist ein Hauptteil der Bildung und ist eine Art Hexerei, welche die Gunst aller erobert, wie im Gegenteil Unhöflichkeit allgemeine Verachtung und Widerwillen erregt: wenn aus Stolz entspringend, ist sie abscheulich; wenn aus Grobheit, verächtlich. Die Höflichkeit sei allemal eher zu groß als zu klein, jedoch nicht gleich gegen alle, wodurch sie zur Ungerechtigkeit würde. Zwischen Feinden ist sie Schuldigkeit, damit man seinen Wert zeige. Sie kostet wenig und hilft viel: jeder Verehrer ist geehrt. Höflichkeit und Ehre haben vor andern Dingen dies voraus, daß sie bei dem, der sie erzeigt, bleiben.

Sich nicht verhaßt machen. Man rufe nicht den Widerwillen hervor: denn auch ungesucht kommt er gar bald von selbst. Viele verabscheuen aus freien Stücken, ohne zu wissen, wofür oder warum. Ihr Übelwollen kommt selbst unsrer Zuvorkommenheit zuvor. – Leute von vielem Verstande werden gefürchtet, die von böser Zunge werden verabscheut, die Anmaßenden sind zum Ekel, die Spötter ein Greuel, die Sonderlinge läßt man stehn. Demnach bezeuge man Hochachtung, um welche einzuernten, und denke, daß geschätzt sein ein Schatz ist.

BALTHASAR GRACIAN

Der Neid ist unversöhnlicher als der Haß.

LA ROCHEFOUCAULD

Der Wuchrer

Ein Wuchrer kam in kurzer Zeit
Zu einem gräflichen Vermögen,
Nicht durch Betrug und Ungerechtigkeit,
Nein, er beschwur es oft, allein durch Gottes Segen.
Und um sein dankbar Herz Gott an den Tag zu legen,
Und auch vielleicht aus heiligem Vertraun,
Gott zur Vergeltung zu bewegen,
Ließ er ein Hospital für arme Fromme baun.

Indem er nun den Bau zustande brachte
Und vor dem Hause stund und heimlich überdachte,
Wie sehr verdient er sich um Gott und Arme machte:
Ging ein verschmitzter Freund vorbei.
Der Geizhals, der gern haben wollte,
Daß dieser Freund das Haus bewundern sollte,
Fragt' ihn mit freudigem Geschrei,
Ob's groß genug für Arme sei?
»Warum nicht?« sprach der Freund, »hier können
                        viel Personen
Recht sehr bequem beisammen sein;
Doch sollen alle die hier wohnen,
Die Ihr habt arm gemacht; so ist es viel zu klein.«

CHRISTIAN FÜRCHTEGOTT GELLERT

Sing, unsterbliche Seele, der sündigen Menschen
Erlösung,
Die der Messias auf Erden in seiner Menschheit
vollendet,
Und durch die er Adams Geschlechte die Liebe der
Gottheit
Mit dem Blute des heiligen Bundes von neuem
geschenkt hat.
Also geschah des Ewigen Wille. Vergebens erhub sich
Satan wider den göttlichen Sohn; umsonst stand Juda
Wider ihn auf: er tats, und vollbrachte die große
Versöhnung.

FRIEDRICH GOTTLIEB KLOPSTOCK

Unerbittlich also mögen die Gesetze sein, unerbittlich
diejenigen, welche sie im einzelnen Falle anwenden,
doch milde, verzeihend, menschlich der Gesetzgeber.
Als ein kluger Architekt möge er sein Gebäude auf
der Grundlage der Selbstliebe errichten und das allgemeine Interesse das Ergebnis der Interessen eines jeden
sein...

CESARE BECCARIA

Studier nun daraus du bist,
So wirstu sehen was du bist,
Was du studierst, lehrnest und bist,
das ist eben darauss du bist,
Alles was ausser unsser ist,
Ist auch in unss, Amen.

MARDOCEUS NELLE

Die Vorspiele der Versöhnung

Korinne schwur, mich zu vergessen:
Und doch kann sie mich nicht vergessen.
Wo sie mich sieht, und wo sie kann,
Fängt sie auf mich zu lästern an.
Doch warum tut sie das? Warum erhitzt sie sich?
Ich wette was, noch liebt sie mich.

Ich schwur, Korinnen zu vergessen:
Und doch kann ich sie nicht vergessen.
Wo ich sie seh, und wo ich kann,
Fang ich mich zu entschuldgen an.
Doch warum tu ich das? und warum schweig ich nie?
Ich wette was, noch lieb ich sie.

GOTTHOLD EPHRAIM LESSING

Eure Versöhnung war ein wenig zu schnell, als daß sie
dauerhaft hätte sein sollen.

JOHANN WOLFGANG GOETHE

Und die Schale der Versöhnung
flatterte hoch auf

FRANZ. ... die Schale wuchs zu einem Gebirge, aber die andere, voll vom Blut der Versöhnung hielt sie noch immer hoch in den Lüften – zuletzt kam ein alter Mann, schwer gebeuget von Gram, angebissen den Arm von wütendem Hunger, aller Augen wandten sich scheu vor dem Mann, ich kannte den Mann, er schnitt eine Locke von seinem silbernen Haupthaar, warf sie hinein in die Schale der Sünden, und siehe, sie sank, sank plötzlich zum Abgrund, und die Schale der Versöhnung flatterte hoch auf!

FRIEDRICH SCHILLER

Wie wenn einmal die Sonne nicht wiederkäme, dachte Amintor oft, wenn er in einer dunkeln Nacht erwachte, und freute sich, wenn er endlich den Tag wieder anbrechen sah. Die tiefe Stille des frühen Morgens, die Freundin der Überlegung, verbunden mit dem Gefühl gestärkter Kräfte und wieder erneuerten Gesundheit, erweckte in ihm alsdann ein so mächtiges Vertrauen auf die Ordnung der Natur und den Geist, der sie lenkt, daß er sich in dem Tumult des Lebens so sicher glaubte, als stünde sein Verhängnis in seiner eignen Hand. Diese Empfindung, dachte er alsdann, die du dir nicht erzwingst und nicht vorheuchelst, und die dir dieses unbeschreibliche Wohlbehagen gewährt, ist gewiß das Werk eben jenes Geistes, und sagt dir laut, daß du jetzt wenigstens richtig denkst.

Auch war dieses innere Anerkennen von Ordnung nichts anders, als wieder eben diese Ordnung selbst, nur auf ihn, der sie bemerkte, fortgesetzt, und daher immer für ihn der höchste Genuß seines Geistes. O ich weiß, rief er alsdann aus, dieses mein stilles Dankgebet, das Dir alle Kreatur darbringt, jedes mit seinem Gefühl und in seiner Sprache nach seiner Art, zu Tausenden, wie ich in der meinigen, wird gewiß von Dir gehört, der Du den Himmel lenkst; gewiß wird es von aller Kreatur dargebracht, aber mit doppeltem Genuß, von mir, dem Du Kraft verliehest zu erkennen, daß ich durch dieses Dankgefühl und in diesem Dankgefühl bin, was ich sein soll. O störe nicht, sprach er dann zu sich selbst, diesen himmlischen Frieden in dir heute durch Schuld! Wie würde dir der morgende Tag anbrechen wenn ihn diese reine Spiegelhelle deines Wesens nicht mehr in dein Inneres zurück würfe? Es wäre besser er erschiene nie wieder, oder wenigstens für dich Unglücklichen nicht mehr. – Diese Art in seinem Gott zu leben, wie er es nannte, die ihm von Betbrüdern, die lieber glaubten, als dachten, weil sie es so bequemer fanden, für Spinozismus ausgelegt wurde, hatte er sich so sehr eigen gemacht, daß sie für ihn unzerstörbare Beruhigung über die Zukunft, und ein nicht zu überwältigender Trost in Todesgefahr wurde. Eines Tages als er sich nach einer seiner Morgenandachten selbst befragte, woher ihm dieses freudige Ergeben in die Führung der Welt, und dieses große Sicherheitsgefühl bei jedem Gedanken an die Zukunft komme (denn es war ihm zu fest um bloß dichterisches Aufwallen zu sein): so war es ihm entzükkende Freude zu finden, daß er es allein dem Grad von

Erkenntnis der Natur zu danken habe, den er sich erworben hatte, einem Grade, von dem er behauptete, daß er jedem Menschen von den gewöhnlichsten Anlagen erreichbar wäre. Nur müsse, wie er sagt, das Studium anhaltend, ohne Zank und Neuerungssucht und ohne alle Spekulationen des Inventurienten getrieben werden. Man wird ihm leicht glauben, daß es eine entzückende Betrachtung sein muß, sich sagen zu können: meine Ruhe ist das Werk meiner eigenen Vernunft; es hat sie mir keine Exegese gegeben und keine Exegese wird sie mir rauben. – O, nichts, nichts wird sie mir rauben können, als was mir meine Vernunft raubt. Daß die Betrachtung der Natur diesen Trost gewähren kann, davon ist er gewiß, denn er lebt in ihm; ob er es für alle sei, ließ er wenigstens unentschieden, und hierbei hinge, wie er sagte, vieles von der Art ab, wie die Wissenschaft getrieben und angewandt würde, eine Sache, die, wie vielleicht auch Spinozismus, wenn er unschädlich sein soll, nicht gelehrt, sondern selbst gefunden sein wolle; es sei nichts weniger als jene physicotheologische Betrachtung von Sonnen, deren uns deutlich sichtbares Heer nach einer Art von Zählung auf 75 Millionen geschätzt würde.

Er nannte diese erhabene Betrachtungen bloße Musik der Sphären, die anfangs den Geist wie mit einem Sturm von Entzücken fast zur Betäubung hinreiße, er werde ihrer aber endlich gewohnt; allein das was davon immer bliebe, unstreitig das Beste, fände sich überall und vorzüglich in dem mit in die Reihe gehörigen Geist, der dieser Betrachtungen fähig sei. Es sei vielmehr eine zu anhaltendem Studio der Natur sich unvermerkt gesellende Freude über eignes Dasein, verbunden mit nicht ängstlicher, sondern froher Neugierde (wenn dieses das rechte Wort ist), die so weit über sogenannte Cüriosité erhaben sei, als hohes Gefühl für Ehre über Bauernstolz, zu erfahren, mit diesen Sinnen oder mit analogen, oder Verhältnissen anderer Art, die sich von jeder Art des Daseins hoffen lassen, was nun dieses alles sei und werden wolle. Er fürchte zwar sehr, daß seine Freunde immer nur die Worte der Lehre und nicht die Lehre hören würden, hoffe aber alles, wenn er dereinst darüber sprechen würde, von eignem Versuch. Er denke nun seit der Zeit, daß das Vergnügen, das die Betrachtung der Natur dem Kinde und dem Wilden, sowie dem Manne von aller Art von Bildung gewährt, auch den großen Zweck mit zur Absicht habe, und in jedem Leben und in jeder Welt haben müsse, in welchem Zusammenhang sei: völlige Beruhigung in Absicht der Zukunft und frohes Ergeben in die Leitung der Welt; man gebe nun dieser Leitung einen Namen welchen man wolle. Er zähle es unter die wichtigste Begebenheit seines Lebens, wenigstens für sich gefunden zu haben, daß so wie wir natürlich leiden, auch natürliche von aller Tradition unabhängige Mittel haben, diese Leiden mit einer Art von Freude zu erdulten.

Diese Philosophie hebe freilich den vorübergehenden Unmut nicht auf, so wenig als den Schmerz, weil eine solche Philosophie, wenn sie möglich wäre auch alles Vergnügen aufheben würde. Er pflegte dieses öfters seine Versöhnung mit Gott zu nennen, gegen den die Vernunft, selbst mit Hoffnung auf Vergebung, vielleicht murren könnte, wenn nicht im Gang der Dinge auch der Faden eingewebt wäre, der zu jener Beruhigung ohne weitere Hülfe leiten könnte. Überhaupt kamen bei seinem Vortrag viele Ausdrücke vor, deren sich die Bibel bedient; er sagte dabei: es sei nicht wohl möglich dieselbe Geschichte des menschlichen Geistes zu erzählen, ohne zuweilen auf dieselben Ausdrücke zu geraten, und glaubte, man werde die Bibel noch besser verstehen, als man sie versteht, wenn man sich selbst mehr studiere; und um mit ihren erhabenen Lehren immer zusammen zu treffen, sei der kürzeste Weg die Erreichung ihres Zwecks einmal auf einem andern, von ihr unabhängigen zu versuchen, und Zeit und Umstände dabei in Rechnung zu bringen; Spinoza selbst, glaube er, habe es nicht so übel gemeint, als die vielen Menschen die jetzt statt seiner meinen. – Es sei für Millionen Menschen bequemer und verständlicher vom Himmel herab zu hören: Du sollst nicht stehlen, und kein falsch Zeugnis reden, als im Himmel selbst die Stelle zu suchen, wo diese Worte wirklich mit Flammenschrift geschrieben stehen, wo sie von vielen gelesen worden sei. Übrigens glaube er, sei es für die Ferngläser und die Brillen unbedeutend, ob das Licht wirklich von der Sonne herabströme, oder ob die Sonne nur ein Medium zittern mache, und es bloß ließe als strömte es herab; aber die Ferngläser und zumal die Brillen seien deswegen nichts weniger als unbedeutend, und bei der Brille pflegte ihm öfters einzufallen, daß der Mensch zwar nicht die Macht hätte die Welt zu modeln wie er wolle, aber dafür die Macht Brillen zu schleifen, wodurch er sie schier erscheinen machen könne wie wir wollen, und solcher Betrachtungen mehr, wodurch er seine Freunde nicht sowohl auf seinen Weg hinleiten, als ihnen vielmehr Winke geben wollte, den selbst zu finden, der ihnen der sicherste und bequemste wäre.

Wie es denn wirklich an dem ist, daß Philosophie, wenn sie für den Menschen etwas mehr sein soll als eine Sammlung von Materien zum Disputieren, nur indirekte gelehrt werden kann.

GEORG CHRISTOPH LICHTENBERG

Wandrers Nachtlied

Der du von dem Himmel bist,
Alle Freud und Schmerzen stillest,
Den der doppelt elend ist
Doppelt mit Erquickung füllest.
Ach ich bin des Treibens müde!
Was soll all die Qual und Lust?
Süßer Friede,
Komm ach komm in meine Brust!

Ein gleiches

Über allen Gefilden
Ist Ruh,
In allen Wipfeln
Spürest du
Kaum einen Hauch;
Die Vögel schweigen im Walde.
Warte nur, balde
Ruhest du auch.

JOHANN WOLFGANG GOETHE

Unser Schuldbuch sei vernichtet!
Ausgesöhnt die ganze Welt!
Brüder – überm Sternenzelt
Richtet Gott, wie wir gerichtet.

FRIEDRICH SCHILLER

NATHAN Vor grauen Jahren lebt' ein Mann in Osten,
Der einen Ring von unschätzbarem Wert'
Aus lieber Hand besaß. Der Stein war ein
Opal, der hundert schöne Farben spielte,
Und hatte die geheime Kraft, vor Gott
Und Menschen angenehm zu machen, wer
In dieser Zuversicht ihn trug. Was Wunder,
Daß ihn der Mann in Osten darum nie
Vom Finger ließ; und die Verfügung traf,
Auf ewig ihn bei seinem Hause zu
Erhalten? Nämlich so. Er ließ den Ring
Von seinen Söhnen dem Geliebtesten;
Und setzte fest, daß dieser wiederum
Den Ring von seinen Söhnen dem vermache,
Der ihm der liebste sei; und stets der Liebste,
Ohn' Ansehn der Geburt, in Kraft allein
Des Rings, das Haupt, der Fürst des Hauses werde. –
Versteh mich, Sultan.
SALADIN   Ich versteh dich. Weiter!
NATHAN   So kam nun dieser Ring, von Sohn zu Sohn,
Auf einen Vater endlich von drei Söhnen;
Die alle drei ihm gleich gehorsam waren,
Die alle drei er folglich gleich zu lieben
Sich nicht entbrechen konnte. Nur von Zeit

Zu Zeit schien ihm bald der, bald dieser, bald
Der dritte, – so wie jeder sich mit ihm
Allein befand, und sein ergießend Herz
Die andern zwei nicht teilten, – würdiger
Des Ringes; den er denn auch einem jeden
Die fromme Schwachheit hatte, zu versprechen.
Das ging nun so, so lang es ging. – Allein
Es kam zum Sterben, und der gute Vater
Kömmt in Verlegenheit. Es schmerzt ihn, zwei
Von seinen Söhnen, die sich auf sein Wort
Verlassen, so zu kränken. – Was zu tun? –
Er sendet in geheim zu einem Künstler,
Bei dem er, nach dem Muster seines Ringes,
Zwei andere bestellt, und weder Kosten
Noch Mühe sparen heißt, sie jenem gleich,
Vollkommen gleich zu machen. Das gelingt
Dem Künstler. Da er ihm die Ringe bringt,
Kann selbst der Vater seinen Musterring
Nicht unterscheiden. Froh und freudig ruft
Er seine Söhne, jeden ins besondre;
Gibt jedem ins besondre seinen Segen, –
Und seinen Ring, – und stirbt. – Du hörst doch, Sultan?
SALADIN *der sich betroffen von ihm gewandt:*
Ich hör, ich höre! – Komm mit deinem Märchen
Nur bald zu Ende. – Wirds?
NATHAN   Ich bin zu Ende.
Denn was noch folgt, versteht sich ja von selbst. –
Kaum war der Vater tot, so kömmt ein jeder
Mit seinem Ring', und jeder will der Fürst
Des Hauses sein. Man untersucht, man zankt,
Man klagt. Umsonst; der rechte Ring war nicht

Erweislich; –

nach einer Pause, in welcher er des Sultans Antwort erwartet:

       Fast so unerweislich, als
Uns itzt – der rechte Glaube.

SALADIN   Wie? das soll
Die Antwort sein auf meine Frage? ...

NATHAN   Soll
Mich bloß entschuldigen, wenn ich die Ringe,
Mir nicht getrau zu unterscheiden, die
Der Vater in der Absicht machen ließ,
Damit sie nicht zu unterscheiden wären.

SALADIN Die Ringe! – Spiele nicht mit mir! – Ich dächte,
Daß die Religionen, die ich dir
Genannt, doch wohl zu unterscheiden wären.
Bis auf die Kleidung; bis auf Speis und Trank!

NATHAN Und nur von Seiten ihrer Gründe nicht. –
Denn gründen alle sich nicht auf Geschichte?
Geschrieben oder überliefert! – Und
Geschichte muß doch wohl allein auf Treu
Und Glauben angenommen werden? – Nicht? –
Nun wessen Treu und Glauben zieht man denn
Am wenigsten in Zweifel? Doch der Seinen?
Doch deren Blut wir sind? doch deren, die
Von Kindheit an uns Proben ihrer Liebe
Gegeben? die uns nie getäuscht, als wo
Getäuscht zu werden uns heilsamer war? –
Wie kann ich meinen Vätern weniger,
Als du den deinen glauben? Oder umgekehrt. –
Kann ich von dir verlangen, daß du deine
Vorfahren Lügen strafst, um meinen nicht

42

Zu widersprechen? Oder umgekehrt.
Das nämliche gilt von den Christen. Nicht? –
SALADIN (Bei dem Lebendigen! Der Mann hat Recht.
Ich muß verstummen.)
NATHAN   Laß auf unsre Ring'
Uns wieder kommen. Wie gesagt: die Söhne
Verklagten sich; und jeder schwur dem Richter,
Unmittelbar aus seines Vaters Hand
Den Ring zu haben. – Wie auch wahr! – Nachdem
Er von ihm lange das Versprechen schon
Gehabt, des Ringes Vorrecht einmal zu
Genießen. – Wie nicht minder wahr! – Der Vater,
Beteu'rte jeder, könne gegen ihn
Nicht falsch gewesen sein; und eh' er dieses
Von ihm, von einem solchen lieben Vater,
Argwohnen laß': eh' müß' er seine Brüder,
So gern er sonst von ihnen nur das Beste
Bereit zu glauben sei, des falschen Spiels
Bezeihen; und er wolle die Verräter
Schon auszufinden wissen; sich schon rächen.
SALADIN Und nun, der Richter? – Mich verlangt
                              zu hören,
Was du den Richter sagen lässest. Sprich!
NATHAN Der Richter sprach: wenn ihr mir nun den Vater
Nicht bald zur Stelle schafft, so weis' ich euch
Von meinem Stuhle. Denkt ihr, daß ich Rätsel
Zu lösen da bin? Oder harret ihr,
Bis daß der rechte Ring den Mund eröffne? –
Doch halt! Ich höre ja, der rechte Ring
Besitzt die Wunderkraft beliebt zu machen;
Vor Gott und Menschen angenehm. Das muß

Entscheiden! Denn die falschen Ringe werden
Doch das nicht können! – Nun; wen lieben zwei
Von euch am meisten? – Macht, sagt an! Ihr schweigt?
Die Ringe wirken nur zurück? und nicht
Nach außen? Jeder liebt sich selber nur
Am meisten? – O so seid ihr alle drei
Betrogene Betrieger! Eure Ringe
Sind alle drei nicht echt. Der echte Ring
Vermutlich ging verloren. Den Verlust
Zu bergen, zu ersetzen, ließ der Vater
Die drei für einen machen.

SALADIN   Herrlich! herrlich!

NATHAN Und also; fuhr der Richter fort, wenn ihr
Nicht meinen Rat, statt meines Spruches, wollt:
Geht nur! – Mein Rat ist aber der: ihr nehmt
Die Sache völlig wie sie liegt. Hat von
Euch jeder seinen Ring von seinem Vater:
So glaube jeder sicher seinen Ring
Den echten. – Möglich; daß der Vater nun
Die Tyrannei des Einen Rings nicht länger
In seinem Hause dulden wollen! – Und gewiß;
Daß er euch alle drei geliebt, und gleich
Geliebt: indem er zwei nicht drücken mögen,
Um einen zu begünstigen. – Wohlan!
Es eifre jeder seiner unbestochnen
Von Vorurteilen freien Liebe nach!
Es strebe von euch jeder um die Wette,
Die Kraft des Steins in seinem Ring' an Tag
Zu legen! komme dieser Kraft mit Sanftmut,
Mit herzlicher Verträglichkeit, mit Wohltun,
Mit innigster Ergebenheit in Gott,

Zu Hülf'! Und wenn sich dann der Steine Kräfte
Bei euern Kindes-Kindeskindern äußern:
So lad' ich über tausend tausend Jahre,
Sie wiederum vor diesen Stuhl. Da wird
Ein weisrer Mann auf diesem Stuhle sitzen,
Als ich; und sprechen. Geht! – So sagte der
Bescheidne Richter.

GOTTHOLD EPHRAIM LESSING

OREST (zu Thoas) Laß deine Seele sich zum Frieden
  wenden,
O König! Hindre nicht, daß sie die Weihe
Des väterlichen Hauses nun vollbringe,
Mich der entsühnten Halle wiedergebe,
Mir auf das Haupt die alte Krone drücke!
Vergilt den Segen, den sie dir gebracht,
Und laß des nähern Rechtes mich genießen!
Gewalt und List, der Männer höchster Ruhm,
Wird durch die Wahrheit dieser hohen Seele
Beschämt, und reines kindliches Vertrauen
Zu einem edlen Manne wird belohnt.
IPHIGENIE Denk' an dein Wort und laß durch
                                 diese Rede
Aus einem graden treuen Munde dich
Bewegen! Sieh uns an! du hast nicht oft
Zu solcher edeln Tat Gelegenheit.
Versagen kannst du's nicht; gewähr' es bald.
THOAS So geht!
IPHIGENIE   Nicht so, mein König! Ohne Segen,
In Widerwillen, scheid' ich nicht von dir.

45

Verbann' uns nicht! Ein freundlich Gastrecht walte
Von dir zu uns: so sind wir nicht auf ewig
Getrennt und abgeschieden. Wert und teuer,
Wie mir mein Vater war, so bist du's mir,
Und dieser Eindruck bleibt in meiner Seele.
Bringt der Geringste deines Volkes je
Den Ton der Stimme mir ins Ohr zurück,
Den ich an euch gewohnt zu hören bin,
Und seh' ich an dem Ärmsten eure Tracht;
Empfangen will ich ihn wie einen Gott,
Ich will ihm selbst ein Lager zubereiten,
Auf einen Stuhl ihn an das Feuer laden
Und nur nach dir und deinem Schicksal fragen.
O geben dir die Götter deiner Taten
Und deiner Milde wohlverdienten Lohn!
Leb' wohl! O wende dich zu uns und gib
Ein holdes Wort des Abschieds mir zurück!
Dann schwellt der Wind die Segel sanfter an,
Und Tränen fließen lindernder vom Auge
Des Scheidenden. Leb' wohl! und reiche mir
Zum Pfand der alten Freundschaft deine Rechte.
THOAS Lebt wohl!

JOHANN WOLFGANG GOETHE

Jetzt, oder nie! – Versöhnung, Vater!

PHILIPP   Dein Herz ist rein, ich weiß es,
Wie dein Gebet.
KARLOS   Jetzt oder nie! – Wir sind allein.
Der Etikette bange Scheidewand
Ist zwischen Sohn und Vater eingesunken.
Jetzt oder nie. Ein Sonnenstrahl der Hoffnung
Glänzt in mir auf, und eine süße Ahnung
Fliegt durch mein Herz – der ganze Himmel beugt
Mit Scharen froher Engel sich herunter,
Voll Rührung sieht der Dreimalheilige
Dem großen, schönen Auftritt zu! – Mein Vater!
Versöhnung!
Er fällt ihm zu Füßen.
PHILIPP   Laß mich und steh auf!
KARLOS   Versöhnung!
PHILIPP *will sich von ihm losreißen:*
Zu kühn wird mir dies Gaukelspiel –
KARLOS   Zu kühn
Die Liebe deines Kindes?
PHILIPP   Vollends Tränen?
Unwürd'ger Anblick! – Geh aus meinen Augen.
KARLOS Jetzt, oder nie! – Versöhnung, Vater!
PHILIPP   Weg
Aus meinen Augen! Komm mit Schmach bedeckt
Aus meinen Schlachten, meine Arme sollen
Geöffnet sein dich zu empfangen – So
Verwerf ich dich! – Die feige Schuld allein
Wird sich in solchen Quellen schimpflich waschen.
Wer zu bereuen nicht errötet, wird

Sich Reue nie ersparen.

KARLOS   Wer ist das?
Durch welchen Mißverstand hat dieser Fremdling
Zu Menschen sich verirrt? – Die ewige
Beglaubigung der Menschheit sind ja Tränen,
Sein Aug' ist trocken, ihn gebar kein Weib –
O, zwingen Sie die nie benetzten Augen,
Noch zeitig Tränen einzulernen, sonst,
Sonst möchten Sie's in einer harten Stunde
Noch nachzuholen haben.

PHILIPP Denkst du den schweren Zweifel deines Vaters
Mit schönen Worten zu erschüttern?

KARLOS   Zweifel?
Ich will ihn tilgen, diesen Zweifel – will
Mich hängen an das Vaterherz, will reißen,
Will mächtig reißen an dem Vaterherzen,
Bis dieses Zweifels felsenfeste Rinde
Von diesem Herzen niederfällt. – Wer sind sie,
Die mich aus meines Königs Gunst vertrieben?
Was bot der Mönch dem Vater für den Sohn?
Was wird ihm Alba für ein kinderlos
Verscherztes Leben zur Vergütung geben?
Sie wollen Liebe? – Hier in diesem Busen
Springt eine Quelle, frischer, feuriger,
Als in den trüben, sumpfigen Behältern,
Die Philipps Gold erst öffnen muß.

PHILIPP   Vermeßner,
Halt ein! – Die Männer, die du wagst zu schmähn,
Sind die geprüften Diener meiner Wahl,
Und du wirst sie verehren.

KARLOS   Nimmermehr.

Ich fühle mich. Was ihre Alba leisten,
Das kann auch Karl, und Karl kann mehr. Was fragt
Ein Mietling nach dem Königreich, das nie
Sein eigen sein wird? – Was bekümmert's *den*,
Wenn Philipps graue Haare weiß sich färben?
Ihr Karlos hätte Sie geliebt. – Mir graut
Vor dem Gedanken, einsam und allein,
Auf einem *Thron* allein zu sein. –

PHILIPP *von diesen Worten ergriffen, steht
nachdenkend und in sich gekehrt. Nach einer Pause:*
                              Ich *bin* allein.

KARLOS *mit Lebhaftigkeit und Wärme auf ihn
zugehend:*
Sie sind's gewesen. Hassen Sie mich nicht mehr,
Ich will Sie kindlich, will Sie feurig lieben,
Nur hassen Sie mich nicht mehr. – Wie entzückend
Und süß ist es, in einer schönen Seele
Verherrlicht uns zu fühlen, es zu wissen,
Daß unsre Freude fremde Wangen rötet,
Daß unsre Angst in fremden Busen zittert,
Daß unsre Leiden fremde Augen wässern! –
Wie schön ist es und herrlich, Hand in Hand
Mit einem teuern, vielgeliebten Sohn
Der Jugend Rosenbahn zurück zu eilen,
Des Lebens Traum noch einmal durchzuträumen!
Wie groß und süß, in seines Kindes Tugend
Unsterblich, unvergänglich fortzudauern,
Wohltätig für Jahrhunderte! – Wie schön,
Zu pflanzen, was ein lieber Sohn einst erntet,
Zu sammeln, was ihm wuchern wird, zu ahnen,
Wie hoch sein Dank einst flammen wird! – Mein Vater,

Von diesem Erdenparadiese schwiegen
Sehr weislich Ihre Mönche.
PHILIPP *nicht ohne Rührung:* O, mein Sohn,
Mein Sohn! du brichst dir selbst den Stab. Sehr reizend
Malst du ein Glück, das – du mir nie gewährtest.
KARLOS Das richte der Allwissende! – Sie selbst,
Sie schlossen mich, wie aus dem Vaterherzen,
Von Ihres Zepters Anteil aus. Bis jetzt,
Bis diesen Tag – o, war das gut, war's billig? –
Bis jetzt mußt' ich, der Erbprinz Spaniens,
In Spanien ein Fremdling sein, Gefangner
Auf diesem Grund, wo ich einst Herr sein werde.

FRIEDRICH SCHILLER

Sei nur trotzig gegen mächtige, siegende Feinde! Des
Überwundenen, des Unglücklichen schone und ver-
schweige alles Unrecht, das er Dir vormals zugefügt,
sobald er außerstande ist, Dir ferner zu schaden, sobald
er die Stimme des Publikums gegen sich hat. Laß Dir nie
zweimal die Hand zur Versöhnung reichen! Vergiß dann
alle Beleidigungen, solltest Du auch fürchten müssen,
daß der Mann bei der ersten Gelegenheit die Feindselig-
keit erneuern wird. Sei zwar auf Deiner Hut; aber zeige
kein Mißtraun. Es ist besser, unschuldigerweise zum
zweitenmal beleidigt zu werden, als ein einzigmal den
Mann zu kränken, zu erbittern und ihm allen Mut zu
nehmen, dem es mit seiner Rückkehr zu Dir ein Ernst ist.
Aber man muß auch verzeihn können, ohne darum ge-
beten zu werden.

ADOLPH VON KNIGGE

Der Abend

Glühend verbirgt sich nun die müde Sonne
Nach der mächtigen Laufbahn in die Meere
Suchet Ruhe, Dämmerung senkt sich nieder
   Auf die Gefilde

Dämmerung mit dem feinsten grauen Fittich
Keine Röthe des Abends weilt am Himmel
Welcher unbewölket in dunkles Azur
   Prächtig sich kleidet

Und die Gestirne blinken nieder fernher
Lächelnd sieht mich der Abendstern so funkelnd
Lächelt aus den seligen Wonnegefilden
   Ruhe ins Herz mir

Lispelnder wehn die Zephyrs in den Büschen
Die die Nachtigall klagend noch belebt
Und aus jenem Walzengefilde hör ich
   Schlagen die Wachtel.

Ländliche Glocken rufen helles Tones
Aus dem Felde die müden Schnitter wieder
Alles suchet Ruhe und heitrer sah ich
   Nie noch den Abend.

Wär doch auch einst der Abend meines Lebens
Das so lachend mir anfieng zwischen Rosen
Heiter, froh und ruhiger noch als dieser
   Abend der Landschaft.

Möchte zu ewgen Frieden, meine Seele
Auch so lieblich hinüberschlummern, wie jetzt
In der Hütte müde der Landmann zu dem
    Morgenden Tage.

NOVALIS

Palinodie

Was dämmert um mich, Erde! Dein freundlich Grün?
  Was wehst du wieder, Lüftchen, wie einst mich an?
    In allen Wipfeln rauschts,

Was weckt ihr mir die Seele? was regt ihr mir
  Vergangnes auf, ihr Guten! o schonet mein
    Und laßt sie ruhn, die Asche meiner
      Freunden, ihr spottet nur! o wandelt,

Ihr schicksallosen Götter, vorbei und blüht
  In eurer Jugend über den Alternden
    Und wollt ihr zu den Sterbliche euch
      Gerne gesellen, so blühn der Jungfraun

Euch viel, der jungen Helden, und schöner spielt
  Der Morgen um die Wange der Glücklichen
    Denn um ein trübes Aug' und lieblich
      Tönen die Sänge der Mühelosen.

Ach! vormals rauschte leicht des Gesanges Quell
  Auch mir vom Busen, da noch die Freude mir,
    Die himmlische, vom Auge glänzte

Versöhnung, o Versöhnung, ihr gütigen
  Ihr immergleichen Götter, und haltet ein
    Weil ihr die reinen Quellen liebt.

FRIEDRICH HÖLDERLIN

Die Grundpfeiler dieser herrlichen Brücke

Über dieser Feierlichkeit, dem Glück, dem Entzücken
hatte man nicht bemerkt, daß der Tag völlig angebrochen war, und nun fielen auf einmal durch die offne
Pforte ganz unerwartete Gegenstände der Gesellschaft
in die Augen. Ein großer, mit Säulen umgebener Platz
machte den Vorhof, an dessen Ende man eine lange und
prächtige Brücke sah, die mit vielen Bogen über den Fluß
hinüber reichte; sie war an beiden Seiten mit Säulengängen für die Wanderer bequem und prächtig eingerichtet,
deren sich schon viele tausende eingefunden hatten, und
emsig hin und wider gingen. Der große Weg in der Mitte
war von Herden und Maultieren, Reitern und Wagen
belebt, die an beiden Seiten, ohne sich zu hindern, stromweise hin und her flossen. Sie schienen sich alle über die
Bequemlichkeit und Pracht zu verwundern, und der
neue König mit seiner Gemahlin war über die Bewegung
und das Leben dieses großen Volks so entzückt, als ihre
wechselseitige Liebe sie glücklich machte.

  Gedenke der Schlange in Ehren, sagte der Mann mit
der Lampe, du bist ihr das Leben, deine Völker sind ihr
die Brücke schuldig, wodurch diese nachbarlichen Ufer
erst zu Ländern belebt und verbunden werden. Jene
schwimmenden und leuchtenden Edelsteine, die Reste

ihres aufgeopferten Körpers, sind die Grundpfeiler dieser herrlichen Brücke; auf ihnen hat sie sich selbst erbaut und wird sich selbst erhalten.

JOHANN WOLFGANG GOETHE

Nichts beweget den Menschen mehr als der Anblick einer Versöhnung, unsere Schwächen werden nicht zu kostbar durch die Stunden ihrer Vergebung erkauft, und der Engel, der keinen Zorn empfände, müßte den Menschen beneiden, der ihn überwindet. –

Wenn du vergibst, so ist der Mensch, der in dein Herz Wunden macht, der Seewurm, der die Muschelschale zerlöchert, welche die Öffnungen mit Perlen verschließet.

*

... so teilen zwei Menschen, die sich versöhnen, immer die Freude der Verzeihung und die Freude der reinern und größern Liebe miteinander.

JEAN PAUL

Seht, was versucht nicht der Mensch, mit dem Tod zu versöhnen das Leben!

Nimmer gelingt's – ach, sie sind schrecklich und ewig getrennt.

FRIEDRICH SCHILLER

Es gibt einen mißlichen Zustand der unvollendeten, halben Versöhnung, worin die steilrechte Zunge der Juwelierwaage im Glaskästchen vor dem leichtesten Lüftchen einer andern Zunge überschlägt ...

JEAN PAUL

Das Ende des Haders

Lange währte der Zwist, es konnte keiner ihn
   schlichten;
Mancher schöne Krystall brach in dem feindlichen
   Stoß.
Nur die Liebe besitzt den Talismann ewigen Friedens –
   Da nur, wo sie erscheint, fließen die Massen in Eins.

NOVALIS

Die andern Weltteile warten auf Europas Versöhnung und Auferstehung, um sich anzuschließen und Mitbürger des Himmelreichs zu werden. Sollte es nicht in Europa bald eine Menge wahrhaft heiliger Gemüther wieder geben, sollten nicht alle wahrhafte Religionsverwandte voll Sehnsucht werden, den Himmel auf Erden zu erblicken? und gern zusammentreten und heilige Chöre anstimmen?

NOVALIS

Und o, Vergessenheit! Versöhnerin!

FRIEDRICH HÖLDERLIN

Kein Unrecht sei so blutig

JOHANNA Darf er sich nahn? O sage, daß er's darf?
Mach dein Verdienst vollkommen. Eine Versö'hnung
Ist keine, die das Herz nicht ganz befreit.
Ein Tropfe Haß, der in dem Freudenbecher
Zurückbleibt, macht den Segenstrank zum Gift.
– Kein Unrecht sei so blutig, daß Burgund
An diesem Freudentag es nicht vergebe!

FRIEDRICH SCHILLER

Der Liebe weicht und dem Gesange
Auch auf dem Thron ein Vaterherz,
Und wandelt bald in süßem Drange
Zu ewger Lust den tiefen Schmerz.
Die Liebe giebt, was sie entrissen,
Mit reichem Wucher bald zurück,
Und unter den Versöhnungsküssen
Entfaltet sich ein himmlisch Glück.

NOVALIS

Die neue Welt beginnt mit einem allgemeinen Sünden-
fall, einem Abbrechen des Menschen von der Natur.
Nicht die Hingabe an diese selbst ist die Sünde, sondern,
solange sie ohne Bewußtsein des Gegenteils ist, vielmehr
das goldne Zeitalter. Das Bewußtsein darüber hebt die
Unschuld auf und fordert daher auch unmittelbar die
Versöhnung und die freiwillige Unterwerfung, in der die

Freiheit als besiegt und siegend zugleich aus dem Kampf hervorgeht.

Diese bewußte Versöhnung, die an die Stelle der bewußtlosen Identität mit der Natur und an die der Entzweiung mit dem Schicksal tritt und auf einer hohen Stufe die Einheit wiederherstellt, ist in der Idee der Vorsehung ausgedrückt. Das Christentum also leitet in der Geschichte jene Periode der Vorsehung ein, wie die in ihm herrschende Anschauung des Universums die Anschauung desselben als Geschichte und als einer Welt der Vorsehung ist.

Dies ist die große historische Richtung des Christentums: dies der Grund, warum die Wissenschaft der Religion in ihm von der Geschichte unzertrennlich, ja mit ihr völlig eins sein muß. Jene Synthese mit der Geschichte, ohne welche Theologie selbst nicht gedacht werden kann, fordert aber hinwiederum zu ihrer Bedingung die höhere christliche Ansicht der Geschichte.

FRIEDRICH WILHELM JOSEF SCHELLING

Gott zeigt den Weg selbst zur Versöhnung dir.

HEINRICH VON KLEIST

Ewig's Träumen von den Fernen!
Endlich ist das Herz erwacht
Unter Blumen, Klang und Sternen
In der dunkelgrünen Nacht.

Schlummernd unter blauen Wellen
Ruht der Knabe unbewußt,
Engel ziehen durch die Brust,
Oben hört er in den Wellen
Ein unendlich Wort zerrinnen,
Und das Herze weint und lacht,
Doch er kann sich nicht besinnen
In der dunkelgrünen Nacht.

Und der Frühling will sich bläuen,
Aus der Grüne, aus dem Schein
Ruft es lockend: Ewig Dein! –
Aus der Minne Zaubereien
Muß er sehnen sich nach Fernen,
Denkend der alten Wunderpracht
Unter Blumen, Klang und Sternen
In der dunkelgrünen Nacht.

Heil'ger Kampf nach langem Säumen,
Wenn süßschaudernd an das Licht
Lieb' in dunkle Klagen bricht!
Aus der Schmerzen Sturz und Schäumen
Steigt Geliebte, Himmel, Fernen,
Endlich ist das Herz erwacht
Unter Blumen, Klang und Sternen
In der dunkelgrünen Nacht.

Und der Streit muß sich versöhnen,
Und die Wonne und den Schmerz
Muß er ewig himmelwärts
Schlagen nun in vollen Tönen:
Ewig's Träumen von den Fernen!
Endlich ist das Herz erwacht
Unter Blumen, Klang und Sternen
In der dunkelgrünen Nacht.

JOSEPH VON EICHENDORFF

Gleich ist alles versöhnt,
Wer redlich ficht, wird gekrönt.

JOHANN WOLFGANG GOETHE

Der Friedensstifter

Wer die rechten Mittel zu wählen weiß, der kommt zum
Zweck, zum Exempel der Herr Theodor. Zwei junge
Burgersmänner in seiner Nachbarschaft hatten sich gegenseitig im Wirtshaus beleidigt und waren doch zu
honett, einander anzugreifen, und zu eigensinnig, einander zu vergeben. Also nährten sie den Unfrieden im
Herzen. Das klagte jemand dem Herrn Theodor, und
wie alle Mittel vergeblich seien, sie miteinander zu versöhnen. Der Herr Theodor sagte: »Laßt mich gewähren.
Ich kenne sie. Bis morgen sind sie gute Freunde.« Also
bat er jeden insbesondere, ob er nicht heute bei ihm zu
Nacht essen wollte, und setzte sie an den Tisch nebeneinander. Keiner gönnte dem andern ein Wort oder einen

Blick. Beide dupften fleißig mit dem Herrn Theodor an, aber keiner mit dem andern. Da löschte der Herr Theodor das Licht aus, als wenn er die Kerze hätte putzen wollen, und sagte: »Nichts für ungut! Ich will's gleich wieder anzünden.« Indem er aber hinausging, gab er dem einen von der Seite her, wo der andere saß, im Dunkeln eine Ohrfeige. Also gab dieser dem andern zwei, und also setzten sie das Multiplikationsexempel miteinander fort und zerschlugen sich, wo jeder im Finstern hintraf, bis der Herr Theodor wiederkam, der etwas lange ausblieb. Als der Herr Theodor mit dem Licht wiederkam und traf sie an im wilden Kampf und Handgemeng, sagte er: »Das ist recht gut und löblich, ehrenwerte Nachbarn und Gäste, daß Ihr Euch gegeneinander expliziert, und ich hab's schon den ganzen Abend gemerkt, daß Ihr etwas gegeneinander auf dem Herzen habt. Ich sehe, daß es Euch aufrichtig um Aussöhnung zu tun ist, weil jeder dem andern seine Meinung unverhohlen zu verstehen gibt.« – »Ihr hättet nicht sagen sollen, daß ich Trumpf verleugne«, sagte der eine, »so ich doch Farbe angegeben habe.« – Der andere sagte: »Ihr hättet nur nicht gleich schimpfen dürfen. Ein Herz ist bald für einen Eckstein angesehen. Ihr wißt, wie schmutzig die Karten sind.« Drauf ließ sich der Herr Theodor den Handel von ihnen erzählen und schlichtete ihn vollend aus; den andern Tag waren sie wieder gut Freund.

JOHANN PETER HEBEL

Selige Sehnsucht

Sagt es niemand, nur den Weisen,
Weil die Menge gleich verhöhnet,
Das Lebend'ge will ich preisen,
Das nach Flammentod sich sehnet.

In der Liebesnächte Kühlung,
Die dich zeugte, wo du zeugtest,
Überfällt dich fremde Fühlung,
Wenn die stille Kerze leuchtet.

Nicht mehr bleibest du umfangen
In der Finsternis Beschattung,
Und dich reißet neu Verlangen
Auf zu höherer Begattung.

Keine Ferne macht dich schwierig,
Kommst geflogen und gebannt,
Und zuletzt, des Lichts begierig,
Bist du, Schmetterling, verbrannt.

Und so lang du das nicht hast,
Dieses: Stirb und werde!
Bist du nur ein trüber Gast
Auf der dunklen Erde.

JOHANN WOLFGANG GOETHE

Die Versöhnung ist die Anerkennung dessen, gegen welches das negative Verhalten geht, vielmehr als seines Wesens, und ist nur als Ablassen von der Negativität seines Fürsichseins, statt an ihm festzuhalten.

*

Die Philosophie ist dann die Versöhnung des Verderbens, das der Gedanke angefangen hat. Die Philosophie fängt an mit dem Untergange einer reellen Welt; wenn sie auftritt mit ihren Abstraktionen, grau in grau malend, so ist die Frische der Jugend, der Lebendigkeit schon fort, und es ist ihre Versöhnung eine Versöhnung nicht in der Wirklichkeit, sondern in der ideellen Welt. Die Philosophen in Griechenland haben sich von den Staatsgeschäften zurückgezogen; sie sind Müßiggänger gewesen, wie das Volk sie nannte, und haben sich in die Gedankenwelt zurückgezogen.

*

Versöhnung, die Einheit des Endlichen als dieses Subjekts mit dem Unendlichen.

*

... in der Philosophie hat der Geist die Versöhnung seiner mit sich selbst gefeiert ...

GEORG WILHELM FRIEDRICH HEGEL

Die dabei nun stattfindende Entzweiung und Versöhnung

Gleich darauf, im zweiten Takt, hat der Rhythmus das gute Taktteil; aber die Tonfolge ist auf die Septime gekommen. Hier sind also die beiden Elemente der Melodie ganz entzweit; und wir fühlen uns beunruhigt. In der zweiten Hälfte der Periode trifft Alles umgekehrt, und sie werden, im letzten Ton, versöhnt. Dieser Vorgang ist in jeder Melodie, wiewohl meistens in viel größerer Ausdehnung, nachzuweisen. Die dabei nun stattfindende beständige Entzweiung und Versöhnung ihrer beiden Elemente ist, metaphysisch betrachtet, das Abbild der Entstehung neuer Wünsche und sodann ihrer Befriedigung. Eben dadurch schmeichelt die Musik sich so in unser Herz, daß sie ihm stets die vollkommene Befriedigung seiner Wünsche vorspiegelt. Näher betrachtet, sehn wir in diesem Hergang der Melodie eine gewissermaßen innere Bedingung (die harmonische) mit einer äußern (der rhythmischen) wie durch einen Zufall zusammentreffen, – welchen freilich der Komponist herbeiführt und der insofern dem Reim in der Poesie zu vergleichen ist: dies aber eben ist das Abbild des Zusammentreffens unserer Wünsche mit den von ihnen unabhängigen, günstigen, äußeren Umständen, also das Bild des Glücks.

ARTHUR SCHOPENHAUER

... aber erst, wenn feindliche Stämme sich innerlich versöhnen und verbinden, wird der Friede kommen auf Erden.

ACHIM VON ARNIM

Aussöhnung

Die Leidenschaft bringt Leiden! – Wer beschwichtigt
Beklommnes Herz das allzuviel verloren?
Wo sind die Stunden, überschnell verflüchtigt?
Vergebens war das Schönste dir erkoren!
Trüb ist der Geist, verworren das Beginnen;
Die hehre Welt, wie schwindet sie den Sinnen!

Da schwebt hervor Musik mit Engelschwingen,
Verflicht zu Millionen Tön' um Töne,
Des Menschen Wesen durch und durch zu dringen,
Zu überfüllen ihn mit ew'ger Schöne:
Das Auge netzt sich, fühlt im höhern Sehnen
Den Götterwert der Töne wie der Tränen.

Und so das Herz erleichtert merkt behende
Daß es noch lebt und schlägt und möchte schlagen,
Zum reinsten Dank der überreichen Spende
Sich selbst erwidernd willig darzutragen.
Da fühlte sich – o daß es ewig bliebe! –
Das Doppelglück der Töne wie der Liebe.

JOHANN WOLFGANG GOETHE

Die Schwäche macht versöhnlich!

FRANZ GRILLPARZER

Nur so viel will ich noch sagen, daß nach seiner Entfernung aus dem Palast des Herzogs große Unruhe entstand; denn als am andern Tag der Herzog seinen Schwur erfüllen, und dem Zwerg, wenn er die Kräuter nicht gefunden hätte, den Kopf abschlagen lassen wollte, war er nirgends zu finden; der Fürst aber behauptete, der Herzog habe ihn heimlich entkommen lassen, um sich nicht seines besten Kochs zu berauben, und klagte ihn an, daß er wortbrüchig sei. Dadurch entstand denn ein großer Krieg zwischen beiden Fürsten, der in der Geschichte unter dem Namen »Kräuterkrieg« wohlbekannt ist; es wurde manche Schlacht geschlagen, aber am Ende doch Friede gemacht, und diesen Frieden nennt man bei uns den »Pastetenfrieden«, weil beim Versöhnungsfest durch den Koch des Fürsten die Souzeraine, die Königin der Pasteten, zubereitet wurde, welche sich der Herr Herzog trefflich schmecken ließ.

WILHELM HAUFF

Der Engel

Ein holder Engel stand und strahlte,
Das Haupt geneigt, an Edens Tor;
Der Dämon flog, der finstere, kalte,
Aus düsterem Höllenschlund empor.

Der Geist des Zweifels, der Verneinung,
Er sah des Engels reinen Strahl,
Und vor der hellen Lichterscheinung
Schlug ihm das Herz zum ersten Mal.

»Verzeih«, sprach er, »daß ich dich sehe,
Mir leuchtet nicht umsonst dein Licht:
Nicht alles hass' ich in der Höhe,
Schmäh auf der Erde alles nicht.«

ALEXANDER PUSCHKIN

Dämmrung senkte sich von oben,
Schon ist alle Nähe fern;
Doch zuerst emporgehoben
Holden Lichts der Abendstern!
Alles schwankt ins Ungewisse,
Nebel schleichen in die Höh;
Schwarzvertiefte Finsternisse
Widerspiegelnd ruht der See.

Nun im östlichen Bereiche
Ahnd' ich Mondenglanz und Glut,
Schlanker Weiden Haargezweige
Scherzen auf der nächsten Flut.
Durch bewegter Schatten Spiele
Zittert Luna's Zauberschein,
Und durch's Auge schleicht die Kühle
Sänftigend ins Herz hinein.

JOHANN WOLFGANG GOETHE

Große Talente sind das schönste Versöhnungsmittel.

*

Alles kommt bei der Mission darauf an daß der rohe, sinnliche Mensch gewahr wird daß es eine Sitte gebe; daß der leidenschaftliche, ungebändigte merkt daß er Fehler begangen hat die er sich selbst nicht verzeihen kann. Die erste führt zur Annahme zarter Maximen, das letzte auf Glauben einer Versöhnung. Alles Mittlere von zufällig scheinenden Übeln wird einer weisen unerforschlichen Führung anheimgegeben.

JOHANN WOLFGANG GOETHE

Im Mittelalter herrschte unter dem Volke die Meinung: wenn irgendein Gebäude zu errichten sei, müsse man etwas Lebendiges schlachten und auf dem Blute desselben den Grundstein legen; dadurch werde das Gebäude fest und unerschütterlich stehenbleiben. War es nun der altheidnische Wahnwitz, daß man sich die Gunst der Götter durch Blutopfer erwerbe, oder war es Mißbegriff der christlichen Versöhnungslehre, was diese Meinung von der Wunderkraft des Blutes, von einer Heiligung durch Blut, von diesem Glauben an Blut hervorgebracht hat: genug, er war herrschend, und in Liedern und Sagen lebt die schauerliche Kunde, wie man Kinder oder Tiere geschlachtet, um mit ihrem Blute große Bauwerke zu festigen. Heutzutage ist die Menschheit verständiger; wir glauben nicht mehr an die Wunderkraft des Blutes, weder an das Blut eines Edelmanns noch eines Gottes, und die große Menge glaubt nur an Geld. Besteht nun die heutige Religion in der Geldwerdung Gottes oder in der Gottwerdung des Geldes? Genug, die Leute glauben nur an Geld; nur dem gemünzten Metall, den silbernen und goldenen Hostien, schreiben sie eine Wunderkraft zu; das Geld ist der Anfang und das Ende aller ihrer Werke; und wenn sie ein Gebäude zu errichten haben, so tragen sie große Sorge, daß unter den Grundstein einige Geldstücke, eine Kapsel mit allerlei Münzen, gelegt werden.

HEINRICH HEINE

Noch ist es Zeit«, – so spricht der Fromme –
»Daß in das Herz dir Gottes Huld
Erleuchtend und erquickend komme,
Versöhne deines Lebens Schuld.«

NIKOLAUS LENAU

Aber die große schöne Versöhnungsstille über uns, – die Dämmerung, die immer breiter ward und größer, und der Nebelvorhang vor dem Weidengang vom Feldberg herab, – und der Feuersaum längs dem ganzen Horizont, wie werd ichs vergessen?

BETTINE VON ARNIM

Wer ist also unser Erlöser und Versöhner? Gott oder die Liebe? Die Liebe; denn Gott als Gott hat uns nicht erlöst, sondern die Liebe, welche über den Unterschied von göttlicher und menschlicher Persönlichkeit erhaben ist. Wie Gott sich selbst aufgegeben aus Liebe, so sollen wir auch aus Liebe Gott aufgeben; denn opfern wir nicht Gott der Liebe auf, so opfern wir die Liebe Gott auf, und wir haben trotz des Prädikats der Liebe den Gott, das böse Wesen des religiösen Fanatismus.

*

Das Wort hat erlösende, versöhnende, beglückende, befreiende Kraft. Die Sünden, die wir bekennen, sind uns vergeben kraft der göttlichen Macht des Wortes. Versöhnt scheidet der Sterbende, der noch die längst verschwiegne Sünde bekannt. Die Vergebung der Sünde liegt im Eingeständnis der Sünde. Die Schmerzen, die wir dem Freunde offenbaren, sind schon halb geheilt. Worüber wir sprechen, darüber mildern sich unsre Leidenschaften; es wird helle in uns; der Gegenstand des Zornes, des Ärgers, des Kummers erscheint uns in einem Lichte, in welchem wir die Unwürdigkeit der Leidenschaft erkennen. Worüber wir im Dunkel und Zweifel sind, wir dürfen nur darüber sprechen – oft in dem Augenblick schon, wo wir den Mund auftun, um den Freund zu fragen, schwinden die Zweifel und Dunkelheiten. Das Wort macht den Menschen frei. Wer sich nicht äußern kann, ist ein Sklav. Sprachlos ist darum die übermäßige Leidenschaft, die übermäßige Freude, der übermäßige Schmerz. Sprechen ist ein Freiheitsakt; das Wort ist selbst Freiheit. Mit Recht gilt deswegen die

Sprachbildung für die Wurzel der Bildung; wo das Wort kultiviert wird, da wird die Menschheit kultiviert. Die Barbarei des Mittelalters schwand mit der Bildung der Sprache.

*

Und jetzt leben wir im Zeitalter der Versöhnung! Jawohl!

LUDWIG FEUERBACH

CASPAR. Das ist der Grund, weshalb man trinken muß, Wenn man entzweit war, und sich dann versöhnt.

FRIEDRICH HEBBEL

So söhnt sich die Ästhetik mit dem Leben aus; denn wie in gewissem Sinn Poesie und Kunst gerade eine Versöhnung mit dem Leben sind, so sind sie in einem andern Sinn auch die Feinde des Lebens, weil sie nur eine Seite der Seele versöhnen.

SÖREN KIERKEGAARD

Darum gehorcht, versöhnt euch mit den Menschen, dann erst könnt ihr euch versöhnen mit Gott; vergebt euren Schuldnern, dann erst werden eure Schulden euch vergeben, rechnet nicht mit den Brüdern, wenn ihr nicht wollt, daß der Herr rechne mit euch! Zögert nicht, zaudert nicht; wie ein Dieb in der Nacht kommt der Herr. Glaubt es doch!

JEREMIAS GOTTHELF

Jedes Gemüt ist halt nicht so aus Versöhnungsstoff gewebt.

JOHANN NEPOMUK NESTROY

Kleinlich ist dies Wettern und Schmettern des Kriegs, den Geist der Versöhnung nicht begreifend; kleinlich der Siegstriumph über vergoßnes Blut von Henkershand, daß ihr den Verstand nicht hattet euch zu retten. – Was habt ihr mit der Erde gemacht? – Was mit der Völkerzukunft? Was mit euerer Zukunft?

BETTINE VON ARNIM

Guter Rat

Laß dein Grämen und dein Schämen!
Werbe keck und fordre laut,
Und man wird sich dir bequemen,
Und du führest heim die Braut.

Wirf dein Gold den Musikanten,
Denn die Fiedel macht das Fest;
Küsse deine Schwiegertanten,
Denkst du gleich: Hol euch die Pest!

Rede gut von einem Fürsten,
Und nicht schlecht von einer Frau;
Knickre nicht mit deinen Würsten,
Wenn du schlachtest eine Sau.

Ist die Kirche dir verhaßt, Tor,
Desto öfter geh hinein;
Zieh den Hut ab vor dem Pastor,
Schick ihm auch ein Fläschchen Wein.

Fühlst du irgenwo ein Jücken,
Kratze dich als Ehrenmann;
Wenn dich deine Schuhe drücken,
Nun, so zieh Pantoffeln an.

Hat versalzen dir die Suppe
Deine Frau, bezähm die Wut,
Sag ihr lächelnd: Süße Puppe,
Alles was du kochst ist gut.

Trägt nach einem Schal Verlangen
Deine Frau, so kauf ihr zwei;
Kauf ihr Spitzen, goldne Spangen
Und Juwelen noch dabei.

Wirst du diesen Rat erproben,
Dann, mein Freund! genießest du
Einst das Himmelreich dort oben,
Und du hast auf Erden Ruh.

HEINRICH HEINE

Sie erhoben sich und gingen langsam nach der Wohnung der Großeltern, so daß es Mittag wurde, bis sie dort anlangten. Die Alten hatten aber, um ein rechtes Versöhnungsfest bei sich zu sehen, die ganze Familie aus Schwanau heraufbeschieden und ein einfach kräftiges Mahl nach ländlicher Art bereitet. Alles war versammelt, als das versöhnte schöne Paar kam. Es herrschte aber zuerst einige Spannung und Befangenheit; doch als man sah, daß das verlorene Lachen wiedergekehrt war, verbreitete sich der Sonnenschein des alten Glückes im ganzen Hause. Die Stauffacherin glänzte wie ein Stern und ergriff fest wieder das Steuer, um das wiederhergestellte Glücksschiff zu lenken.

GOTTFRIED KELLER

Trat die Versöhnung je in Eisen auf?
Braucht man den Panzer, um sich zu umarmen,
Treibt man die Küsse mit den Schwertern ein,
Und nimmt man all sein Volk als Zeugen mit?

FRIEDRICH HEBBEL

Was die ästhetische Seite des religiösen Lebens betrifft, so waren wir freilich darin einig, daß die Religion der Zukunft wesentlich eine Religion der Versöhnung und der Freude sein müsse, mit entschiedner Richtung auf die Vollkommenheit des diesseitigen Lebens, welches vom Christentum aufgegeben wird.

FRIEDRICH ALBERT LANGE

Die Versöhnung, welche die Philosophie bietet, die Ethisirung des Naturtriebes, ist kein einmal zu erwerbender und dann mühelos festzuhaltender Besitz, sondern es ist der dauernde Kampf der zum Bewußtsein gelangten Vernunft des All-Einen Unbewußten mit der nothwendig gesetzten Selbstsucht der natürlichen Individualität, welcher nur bei energischer unermüdlicher Durchführung und unter Begünstigung durch alle Charakteranlagen zur gewohnheitsmäßigen Harmonie der Tugend führt.

EDUARD HARTMANN

Unter dem Zauber des Dionysischen schließt sich nicht nur der Bund zwischen Mensch und Mensch wieder zusammen: auch die entfremdete, feindliche oder unterjochte Natur feiert wieder ihr Versöhnungsfest mit ihrem verlorenen Sohne, dem Menschen. Freiwillig beut die Erde ihre Gaben, und friedfertig nahen die Raubtiere der Felsen und der Wüste. Mit Blumen und Kränzen ist der Wagen des Dionysus überschüttet: unter seinem Joche schreiten Panther und Tiger.

FRIEDRICH NIETZSCHE

Der römische Brunnen

Aufsteigt der Strahl und fallend gießt
Er voll der Marmorschale Rund,
Die, sich verschleiernd, überfließt
In einer zweiten Schale Grund;
Die zweite gibt, sie wird zu reich,
Der dritten wallend ihre Flut,
Und jede nimmt und gibt zugleich
    Und strömt und ruht.

CONRAD FERDINAND MEYER

Crucifixus

Am Kreuz hing sein gequält' Gebeine,
Mit Blut besudelt und geschmäht;
Dann hat die stets jungfräulich reine
Natur das Schreckensbild verweht.

Doch die sich seine Jünger nannten,
Die formten es in Erz und Stein,
Und stellten's in des Tempels Düster
Und in die lichte Flur hinein.

So, jedem reinen Aug' ein Schauder,
Ragt es herein in unsre Zeit;
Verewigend den alten Frevel,
Ein Bild der Unversöhnlichkeit.

THEODOR STORM

Zehnmal mußt du dich wieder mit dir selber versöhnen;
denn Überwindung ist Bitternis, und schlecht schläft der
Unversöhnte.

FRIEDRICH NIETZSCHE

Die beiden Brüder

Es war einmal ein Vater, der hatte zwei Söhne. Der eine
war schön und stark, der andere klein und verkrüppelt,
darum verachtete der Große den Kleinen. Das gefiel dem
jüngeren nun gar nicht, und er beschloß, in die weite,
weite Welt zu wandern. Als er eine Strecke weit gegangen war, begegnete ihm ein Fuhrmann, und als er den
fragte, wohin er fahre, sagte der Fuhrmann, er müsse
den Zwergen ihre Schätze in einen Glasberg fahren. Der
Kleine fragte ihn, was der Lohn sei. Er bekam die Antwort, er bekomme als Lohn einige Diamanten. Da wollte
der Kleine auch gern zu den Zwergen gehen. Darum
fragte er den Fuhrmann, ob er glaube, daß die Zwerge
ihn aufnehmen wollten. Der Fuhrmann sagte, das wisse
er nicht, aber er nahm den Kleinen mit sich. Endlich
kamen sie an den Glasberg, und der Aufseher der Zwerge
belohnte den Fuhrmann reichlich für seine Mühe und
entließ ihn. Da bemerkte er den Kleinen und fragte ihn,
was er wolle. Der Kleine sagte ihm alles. Der Zwerg
sagte, er solle ihm nur nachgehen. Die Zwerge nahmen
ihn gern auf, und er führte ein herrliches Leben.

Nun wollen wir auch nach dem anderen Bruder sehen.
Diesem ging es lang daheim sehr gut. Aber als er älter
wurde, kam er zum Militär und mußte in den Krieg. Er

wurde am rechten Arm verwundet und mußte betteln. So kam der Arme auch einmal an den Glasberg und sah einen Krüppel dastehen, ahnte aber nicht, daß es sein Bruder sei. Der aber erkannte ihn gleich und fragte ihn, was er wolle. »O mein Herr, ich bin an jeder Brotrinde froh, so hungrig bin ich.« »Komm mit mir«, sagte der Kleine, und ging in eine Höhle, deren Wände von lauter Diamanten glitzerten. »Du kannst dir davon eine Handvoll nehmen, wenn du die Steine ohne Hilfe herunterbringst«, sagte der Krüppel. Der Bettler versuchte nun mit seiner einen gesunden Hand etwas von den Diamantenfelsen loszumachen, aber es ging natürlich nicht. Da sagte der Kleine: »Du hast vielleicht einen Bruder, ich erlaube dir, daß er dir hilft.« Da fing der Bettler an zu weinen und sagte: »Wohl hatte ich einst einen Bruder, klein und verwachsen, wie Sie, aber so gutmütig und freundlich, er hätte mir gewiß geholfen, aber ich habe ihn lieblos von mir gestoßen, und ich weiß schon lang nichts mehr von ihm.« Da sagte der Kleine: »Ich bin ja dein Kleiner, du sollst keine Not leiden, bleib bei mir.«

HERMANN HESSE

Aber die Liebe! – Ja, die Liebe ist überall und immer der Zaubergott, der bei Feuerbach über alle Schwierigkeiten des praktischen Lebens hinweghelfen soll – und das in einer Gesellschaft, die in Klassen mit diametral entgegengesetzten Interessen gespalten ist. Damit ist denn der letzte Rest ihres revolutionären Charakters aus der Philosophie verschwunden, und es bleibt nur die alte Leier: Liebet euch untereinander, fallt euch in die Arme ohne

Unterschied des Geschlechts und des Standes – allgemeiner Versöhnungsdusel!

FRIEDRICH ENGELS

... daß die Intellektualität doch ein Prinzip der Versöhnlichkeit ist.

GEORG SIMMEL

Der liebe Gott aber war ernstlich böse. Er drängte beide Hände fort; denn sie verstellten ihm die Aussicht über die Erde: ›Ich kenne euch nicht mehr, macht was ihr wollt.‹ Das versuchten die Hände auch seither, aber sie können nur beginnen, was sie auch tun. Ohne Gott giebt es keine Vollendung. Und da sind sie es endlich müde geworden. Jetzt knien sie den ganzen Tag und tun Buße, so erzählt man wenigstens. Uns aber erscheint es, als ob Gott ruhte, weil er auf seine Hände böse ist. Es ist immer noch siebenter Tag.«

Ich schwieg einen Augenblick. Das benützte die Frau Nachbarin sehr vernünftig: »Und Sie glauben, daß nie wieder eine Versöhnung zu stande kommt?«

»O doch,« sagte ich, »ich hoffe es wenigstens.«

»Und wann sollte das sein?«

»Nun, bis Gott wissen wird, wie der Mensch, den die Hände gegen seinen Willen losgelassen haben, aussieht.«

Die Frau Nachbarin dachte nach, dann lachte sie: »Aber dazu hätte er doch bloß heruntersehen müssen ...« »Verzeihen Sie«, sagte ich artig, »Ihre Bemer-

78

kung zeugt von Scharfsinn, aber meine Geschichte ist noch nicht zu Ende. Also, als die Hände beiseite getreten waren und Gott die Erde wieder überschaute, da war eben wieder eine Minute, oder sagen wir ein Jahrtausend, was ja bekanntlich dasselbe ist, vergangen. Statt eines Menschen gab es schon eine Million. Aber sie waren alle schon in Kleidern. Und da die Mode damals gerade sehr häßlich war und auch die Gesichter arg entstellte, so bekam Gott einen ganz falschen und (ich will es nicht verhehlen) sehr schlechten Begriff von den Menschen.« »Hm«, machte die Nachbarin und wollte etwas bemerken. Ich beachtete es nicht, sondern schloß mit starker Betonung: »Und darum ist es dringend notwendig, daß Gott erfährt, wie der Mensch wirklich ist. Freuen wir uns, daß es solche giebt, die es ihm sagen ...« Die Frau Nachbarin freute sich noch nicht: »Und wer sollte das sein, bitte?« »Einfach die Kinder und dann und wann auch diejenigen Leute, welche malen, Gedichte schreiben, bauen ...« »Was denn bauen, Kirchen?« »Ja, und auch sonst, überhaupt ...«

RAINER MARIA RILKE

Selige Gewißheit

Ja, du bist Welle vom frühesten Licht,
Hast ein Erdenkleid genommen,
Bist in eine Welt gekommen,
Glaub an die Heimat! Betrübe dich nicht!
Glaub an die Heimat! Sie ist überall.
Schwarze Kohle wird heller Kristall,

Vom Strahl des Geistes getroffen.
Der Weg zum Ursprung, noch steht er uns offen.
Liebende flochten die magische Leiter,
Immer liebender wage dich weiter
Bis zu der letzten Sprosse hinan,
Wo dich ergreift der unendliche Bann!
Wenn die Seele dann herrlich erschrickt

Vor Abgründen, in die keine Ahne geblickt –
Stürze hinab! Geheiligt ein Fall –
Heimat umleuchtet dich bald überall.

HANS CAROSSA

Der Weg der Liebe erhebt alles, was ihn umgibt, zu seiner eigenen Wesenheit, er sieht in allem Blut von seinem Blut und Seele von seiner Seele. Er hat einen »Bruder Wind« und eine »Schwester Schwalbe«. Für ihn gibt es nichts Wesenloses, Gleichgültiges, ja nichts Totes. Das Leben wird zu einem gemeinsamen Familiengute mit gemeinsamer Verantwortung und gemeinsamer Besitzteilnahme. So ist der Heilige nie allein und verlassen, seine Wirklichkeit grüßt brüderlich die Wirklichkeit, die ihn umgibt, denn er und nur er besitzt die wirklichste der Welten. Der Schöpfer aber dieser wirklichsten der Welten ist der Eros.

EDUARD VON KEYSERLING

Die Schwester eilte zur Mutter und hielt ihr die Stirn. Der Vater schien durch die Worte der Schwester auf bestimmtere Gedanken gebracht zu sein, hatte sich aufrecht gesetzt, spielte mit seiner Dienermütze zwischen den Tellern, die noch vom Nachtmahl der Zimmerherren her auf dem Tische lagen, und sah bisweilen auf den stillen Gregor hin.

»Wir müssen es loszuwerden versuchen«, sagte die Schwester nun ausschließlich zum Vater, denn die Mutter hörte in ihrem Husten nichts, »es bringt euch noch beide um, ich sehe es kommen. Wenn man schon so schwer arbeiten muß, wie wir alle, kann man nicht noch zu Hause diese ewige Quälerei ertragen. Ich kann es auch nicht mehr.« Und sie brach so heftig in Weinen aus, daß ihre Tränen auf das Gesicht der Mutter niederflossen, von dem sie sie mit mechanischen Handbewegungen wischte.

»Kind«, sagte der Vater mitleidig und mit auffallendem Verständnis, »was sollen wir aber tun?«

Die Schwester zuckte nur die Achseln zum Zeichen der Ratlosigkeit, die sie nun während des Weinens im Gegensatz zu ihrer früheren Sicherheit ergriffen hatte.

»Wenn er uns verstünde«, sagte der Vater halb fragend; die Schwester schüttelte aus dem Weinen heraus heftig die Hand zum Zeichen, daß daran nicht zu denken sei.

»Wenn er uns verstünde«, wiederholte der Vater und nahm durch Schließen der Augen die Überzeugung der Schwester von der Unmöglichkeit dessen in sich auf, »dann wäre vielleicht ein Übereinkommen mit ihm möglich. Aber so –«

»Weg muß er«, rief die Schwester, »das ist das einzige

Mittel, Vater. Du mußt bloß den Gedanken loszuwerden suchen, daß es Gregor ist. Daß wir es solange geglaubt haben, ist ja unser eigentliches Unglück. Aber wie kann es denn Gregor sein? Wenn es Gregor wäre, er hätte längst eingesehen, daß ein Zusammenleben von Menschen mit einem solchen Tier nicht möglich ist, und wäre freiwillig fortgegangen. Wir hätten dann keinen Bruder, aber könnten weiter leben und sein Andenken in Ehren halten. So aber verfolgt uns dieses Tier, vertreibt die Zimmerherren, will offenbar die ganze Wohnung einnehmen und uns auf der Gasse übernachten lassen. Sieh nur, Vater«, schrie sie plötzlich auf, »er fängt schon wieder an!« Und in einem für Gregor gänzlich unverständlichen Schrecken verließ die Schwester sogar die Mutter, stieß sich förmlich von ihrem Sessel ab, als wollte sie lieber die Mutter opfern, als in Gregors Nähe bleiben, und eilte hinter den Vater, der, lediglich durch ihr Benehmen erregt, auch aufstand und die Arme wie zum Schutze der Schwester vor ihr halb erhob.

Aber Gregor fiel es doch gar nicht ein, irgend jemandem und gar seiner Schwester Angst machen zu wollen. Er hatte bloß angefangen, sich umzudrehen, um in sein Zimmer zurückzuwandern, und das nahm sich allerdings auffallend aus, da er infolge seines leidenden Zustandes bei den schwierigen Umdrehungen mit seinem Kopfe nachhelfen mußte, den er hierbei viele Male hob und gegen den Boden schlug. Er hielt inne und sah sich um. Seine gute Absicht schien erkannt worden zu sein; es war nur ein augenblicklicher Schrecken gewesen. Nun sahen ihn alle schweigend und traurig an. Die Mutter lag, die Beine ausgestreckt und aneinandergedrückt, in ihrem Sessel, die Augen fielen ihr vor Ermattung fast zu; der Vater und die Schwester saßen nebeneinander, die Schwester hatte ihre Hand um des Vaters Hals gelegt.

›Nun darf ich mich schon vielleicht umdrehen‹, dachte Gregor und begann seine Arbeit wieder. Er konnte das Schnaufen der Anstrengung nicht unterdrücken und mußte auch hie und da ausruhen. Im übrigen drängte ihn auch niemand, es war alles ihm selbst überlassen. Als er die Umdrehung vollendet hatte, fing er sofort an, geradeaus zurückzuwandern. Er staunte über die große Entfernung, die ihn von seinem Zimmer trennte, und begriff gar nicht, wie er bei seiner Schwäche vor kurzer Zeit den gleichen Weg, fast ohne es zu merken, zurückgelegt hatte. Immerfort nur auf rasches Kriechen bedacht, achtete er kaum darauf, daß kein Wort, kein Ausruf seiner Familie ihn störte. Erst als er schon in der Tür war, wendete er den Kopf, nicht vollständig, denn er fühlte den Hals steif werden, immerhin sah er noch, daß sich hinter ihm nichts verändert hatte, nur die Schwester war aufgestanden. Sein letzter Blick streifte die Mutter, die nun völlig eingeschlafen war.

Kaum war er innerhalb seines Zimmers, wurde die Tür eiligst zugedrückt, festgeriegelt und versperrt. Über den plötzlichen Lärm hinter sich erschrak Gregor so, daß ihm die Beinchen einknickten. Es war die Schwester, die sich so beeilt hatte. Aufrecht war sie schon da gestanden und hatte gewartet, leichtfüßig war sie dann vorwärtsgesprungen, Gregor hatte sie gar nicht kommen hören, und ein »Endlich!« rief sie den Eltern zu, während sie den Schlüssel im Schloß umdrehte.

»Und jetzt?« fragte sich Gregor und sah sich im Dunkeln um. Er machte bald die Entdeckung, daß er sich nun überhaupt nicht mehr rühren konnte. Er wunderte sich darüber nicht, eher kam es ihm unnatürlich vor, daß er sich bis jetzt tatsächlich mit diesen dünnen Beinchen hatte fortbewegen können. Im übrigen fühlte er sich verhältnismäßig behaglich. Er hatte zwar Schmerzen im ganzen Leib, aber ihm war, als würden sie allmählich schwächer und schwächer und würden schließlich ganz vergehen. Den verfaulten Apfel in seinem Rücken und die entzündete Umgebung, die ganz von weichem Staub bedeckt waren, spürte er schon kaum. An seine Familie dachte er mit Rührung und Liebe zurück. Seine Meinung darüber, daß er verschwinden müsse, war womöglich noch entschiedener als die seiner Schwester. In diesem Zustand leeren und friedlichen Nachdenkens blieb er, bis die Turmuhr die dritte Morgenstunde schlug. Den Anfang des allgemeinen Hellerwerdens draußen vor dem Fenster erlebte er noch. Dann sank sein Kopf ohne seinen Willen gänzlich nieder, und aus seinen Nüstern strömte sein letzter Atem schwach hervor.

FRANZ KAFKA

Kein Schrei verläßt,
wenn ich die Lippen zusammenkneife,
meinen zerbissenen Mund.
Bind mich an die Kometen wie an Pferdeschweife,
laß deine Wut an mir aus, zürne,
laß mich zerfleischen am Keil der Gestirne.
Oder das:
wenn mir die Seele entflieht,

um sich vor deinen Richterstuhl zu schwingen,
ein wenig blässer und schwächer,
dann drehe du
aus der Milchstraße eine Schlinge
und hänge mich, den Verbrecher.
Mach, was du willst,
vierteile mich, wenn es dir schmeckt.
Ich wasche, Gerechter, dir selber die Hände danach.

WLADIMIR MAJAKOWSKIJ

Was uns am tiefsten trennt,
ist das uns allen Teure.
Je fremder ihr mich nennt,
je mehr bin ich der Eure!

HANS CAROSSA

Die Versöhnung

Als wir jung auferstanden und zu uns gelangten,
durch Gassen schritten voller Schrei und Qualen,
da ahnten wir, wie arme Menschen bangten
vor diesem Überfluß in unsern Schalen.

Die Brüder fühlten dunkel sich verloren
und weinten, als aus unserer Gebärde
Versöhnung strahlte, tief in uns geboren.
Verzückte knieten sie hin auf die Erde!

Wir aber gossen Licht aus unsern Händen
auf jene aus, die nur sich scheu verschwiegen.
Da schrie Gott auf, es bebten seine Lenden:
er sah sich selbst auf allen Knien liegen!

Verbrüdert waren wir und nicht mehr einsam.
Wir fanden uns tief wieder und zerbrachen.
An ein versöhntes Ufer schwammen wir gemeinsam,
die Wälder blühten und die Tiere sprachen.

PETER HUCHEL

Sonett

O wenn ein Herz, längst wohnend im Entwöhnen,
von aller Kunst und Zuversicht getrennt,
erwacht und plötzlich hört, wie man es nennt:
»Du Überfluß, Du Fülle alles Schönen!«

Was soll es tun? Wie sich dem Glück versöhnen,
das endlich seine Hand und Wange kennt?
Schmerz zu verschweigen war sein Element,
nun zwingt das Liebes-Staunen es, zu tönen.

Hier tönt ein Herz, das sich im Gram verschwieg,
und zweifelt, ob ihm dies zu Recht gebühre:
so reich zu sein in seiner Armut Sieg.

Wer hat denn Fülle? Wer verteilt das Meiste? –
Wer so verführt, daß er ganz weit verführe:
Denn auch der Leib ist leibhaft erst im Geiste.

RAINER MARIA RILKE

Saul und David

Zimmer im Palast von Judäa. Mürrisch sitzt Saul auf dem Thron. Wenn ich »mürrisch« sage, so klingt das, als wenn ich zu kleinlich von dem Manne redete. Ein Fürst und mürrisch? Es ist unangenehm für Könige, ärgerlich und grämlich sein zu müssen. Zu wissen, daß man unumschränkte Gewalt hat und dabei verdrießlich und aufgebracht ist, kann unmöglich anders als schlimm sein.

Düster schaut er aus, als sei er schwermütig. Das ist schlimm. Was quält ihn? Was ist es, das ihn so finster blicken macht? Warum trauert er? Will ihm das Leben nicht mehr schmecken? Steht er sich selbst vielleicht im Weg? Leidet er unter dem Machtgefühl? Er befiehlt nach Belieben, und alles gehorcht ihm. Man sollte meinen, daß er zufrieden sein könnte.

Weshalb ist ein solcher Mann unzufrieden? Ist er etwa des Thrones überdrüssig? Hat er das Herrschen satt? Ist er müde? Was für wunderliche Fragen!

Krank ist er. Wie von köstlicher Speise ist er übersättigt. Er mag nicht leben und doch auch nicht sterben. Ist er unglücklich, weil er alt ist? Hin! Wird doch wohl nicht etwa so sein.

Was beliebt ihm nun? Was könnte ihm wohltun? Schweigend, grübelnd sitzt er da. Schrecklich ist seine

Stirne gerunzelt. Niemand tut ihm etwas zu leid, und dennoch beleidigen ihn alle. Furchtsam schauen sie ihn an, als erwarteten sie etwas Ungeheueres von seiner Seite. Zerreißen möchte er sie, weil er weiß, daß sie sich vor ihm fürchten. Es ist niemand gern gefürchtet, denn Furcht streift an Haß, und ein König will von seinen Untertanen geliebt sein wie ein Vater von seinen Kindern. Doch Saul ist nicht beliebt. Wie kann man lieben, was finster blickt und die Lippen wie in verhaltenem Grimm zerbeißt?

Daß man ihm David rufe, sagt er zu den Herren, die ihn umgeben. Wenn David käme, so würde er sich womöglich besser fühlen.

Bald, und so tritt der jugendschöne David mit der Harfe in der Hand herein, und da er weiß, daß er musizieren soll, so greift er alsbald ins Instrument und beginnt zu spielen. Er spielt wie ein Künstler, der sich im Spiel völlig vergißt. Nichtsdestoweniger lauert er mit klugen Augen sorgfältig auf die geringste Bewegung, denn er spürt, daß er in Gefahr ist.

David ist kein Kind mehr. Schwierige Verhältnisse haben ihn früh zum weitblickenden und kühnen Menschen erzogen. Er ist tapfer, doch dabei schlau; schön, doch zugleich gewandt; vorsichtig, doch ebenso unerschrocken. Mit einem Lächeln im mutigen Gesicht schaut er dem aufgebrachten Mann in die Augen, als wenn er ihm sagen wolle, immer hübsch sachte! In ihm ist hohe Sinnesart. Er besitzt Kraft sowohl wie Anmut.

Die unheimliche Art, wie beide Männer einander entgegengestellt sind und sich mit den Augen durchbohren, ist von Rembrandt herrlich dargestellt worden.

Wir haben einerseits einen mit krampfhaft geballter Hand umkrallten Speer und andrerseits eine Harfe. Auf der einen Seite ist ein böser, auf der andern ein annehmbarer Zustand. Dort Aufruhr; hier Besonnenheit. Jenes gewaltsam, dieses friedfertig und sanftmütig.

Davids Harfenspiel scheint zu sprechen: »Sei nicht traurig. Quäle Dich nicht nutzlos. Sei sanft und nicht zornig. Blicke nicht so wild, denn es steht kein Feind vor Dir. Die Welt ist gut. Irgendeinen Kummer haben wir alle. Diesem fehlt dieses, jenem jenes. Wir brauchen deswegen nicht zu zürnen. Weine lieber, statt zu grollen; das ist für Dich und alle anderen schöner.

Sollte nicht der Herrscher mit dem schönsten Beispiel vorangehen und der sanfteste, duldsamste Mensch im Volke sein? Sollte er nicht der beste Mensch unter allen Menschen sein und das größte Herz besitzen?

Gram ist unschön, und Zorn ist zu wenig groß. Wenn Dich etwas plagt, so türme es nicht zum Turm, zum unersteiglichen Block auf. Alle sind geplagt; nur tun die, die es mit Welt und Menschen gut meinen, so, als merkten sie nicht viel davon. Du aber sinkst völlig in eine einzige unerträgliche Empfindung, bäumst Dich dagegen auf, kannst Dich nicht wehren. Auch die Mächtigen dürfen nicht vergessen, daß sie machtlos sind, weil sie Menschen sind. Tausendmal schöner als leben ist: für andere leben, oder sehen, wie andere leben.

Meinst Du, daß ich mich vor Dir fürchte? Ich fürchte mich vor nichts als vor dem Unheil, das in mir selbst ist. Diese Töne sagen Dir die Wahrheit. Doch Du hast ja gewollt, daß ich hierher trete und spiele. Die Kunst ist gut, und die Wahrheit tönt süß, nur muß man sie nicht hassen, sondern willkommen heißen. Man muß nicht die edlen Regungen und die weichen Stimmen töten wollen und den Haß leben lassen. Damit tötet man sich selbst, rottet das eigene Leben aus. Man muß Geduld haben, denn auf ihr ruht alles. Wer sich mit sich selbst aussöhnt, verbündet sich mit allen andern, und dann gibt es keinen Gegner mehr. Wenn alle sich mit sich selbst verständigt haben, so hat niemand mehr einen Gegner. Dann ist alles versöhnt und der Friede ist gesichert. Es gibt nur einen einzigen Feind; der ist überall und nirgends, es sieht ihn niemand, er ist nicht fühlbar und daher auch nicht angreifbar. Doch wird ihn jeder bekämpfen und besiegen lernen, der die Pflicht fühlt, mit sich selbst zu kämpfen. Außer uns gibt es nichts Feindliches für uns, es wäre denn, daß wir unwillig sind, weil uns die Natur Grenzen gezogen hat ...«

Weiter spielt David nicht. Der Speer saust dicht an ihm vorbei. Der König ist wahnsinnig. David lacht und ruft: »Das hätte mich durchbohren können. Ich danke für die gute Absicht, bin aber froh, daß ich noch lebendig bin. Kopf und Herz und der unverstümmelte Körper! Damit will ich es wagen, und kein schwächliches Gefühl soll mich je im Leben hemmen.«

ROBERT WALSER

Versöhnung

Es wird ein großer Stern in meinen Schoß fallen ...
Wir wollen wachen die Nacht,

In den Sprachen beten,
Die wie Harfen eingeschnitten sind.

Wir wollen uns versöhnen die Nacht –
So viel Gott strömt über.

Kinder sind unsere Herzen,
Die möchten ruhen müdesüß.

Und unsere Lippen wollen sich küssen,
Was zagst du?

Grenzt nicht mein Herz an deins –
immer färbt dein Blut meine Wangen rot.

Wir wollen uns versöhnen die Nacht,
Wenn wir uns herzen, sterben wir nicht.

ELSE LASKER-SCHÜLER

Der Versöhnungstag

Kein Jude, der nicht an seine Eltern denkt an diesem Tage, dem heiligsten Tage im Jahr. Vater und Mutter war der Versöhnungstag das Wiegenfest der Judenheit. So allen Juden in allen Ländern und Erdteilen und ihren Kindern und Kindeskindern, Kindeskindeskindern. Dieser Tag ist nicht aus der Welt des Juden auszurotten und wird einst vor Gott stehen als sein ebenbildliches Geschöpf. Haß und Streitigkeiten lächeln eingesungen, müde störrische Kinder. An des Versöhnungstages Vorabend schon bewegten wir uns nur noch auf Zehen, die süße Hingabe nicht aufzuscheuchen. Aber auf seinem Damast deckt man den Tisch dem großen Versöhnungsengel, der jedem Judenhause in jedem Jahre von neuem geboren wird. Und der Tochter, dem Sohne, der fern vom Elternhause weilt, mahnt der Versöhnungstag, eine gestaltgewordene Erinnerung. Ihr leuchtet der Stern des Friedens aus der Schläfe. Im Tragkleid trägt der Jude den Versöhnungstag behutsam dem Juden entgegen, auch den anderen Mitmenschen der Stadt, junge, neue Freundschaft knüpfend. Aller Groll zerschmilzt im Herzen; »Händel«, stellte sich heraus, bestand aus Irrtum. Unsere Hände sind an diesem Tage da, sich in eure zu legen. Schirling wächst am Orte der Begegnung, die unausgesöhnt bleibt. Ich denke an Zuhause; die Kerzen wurden schon im Dämmern des Vorabends angezündet, mein Vater fehlte nur noch am friedlichen, blumengeschmückten Tische. Auf seinen Beeten störte keineswegs das durchsichtige, milchweiße Porzellan, auch nicht duftende Suppe in der Terrine. Meines Vaters unruhige

Schritte vernahmen wir schon lange über unseren Köpfen, wenn auch gedämpfter wie Gewohnheit. Er pflegte das ganze erste Stockwerk unseres Hauses zum Ankleiden zu benutzen. Ab und zu schallten erschrockene Flüche eingelullt in einen Psalm aus dem Saal, in den er sich von seinem Schlafzimmer begeben hatte. Aber auch dort gelang es ihm weder im ersten, zweiten, noch dritten Spiegel den Kragenknopf in die kleine Kragenöffnung zu schieben. Entweder war der Knopf über Nacht dicker geworden oder der Teufel steckte dahinter. Zuerst eilte Dore, »die rote Katze«, unsere Köchin, zur Hilfe, aber man hörte sie sehr bald giftig miauend die Stufen herabschleichen. Sie hatte sogar – einstweilen gekündigt; sie schickte Elise herauf zu Herrn Schüler, die war geduldiger und hörte meinem Vater zu, wenn er ihr die Bedeutung des Versöhnungstages erklärte. Auch wählte sie ihm stets die nichtdrückenden Stiefel aus seinem Regimente Stiefel aus, die alle zwölf Paar kerzengerade blank in Reih und Leder an der Wand sich repräsentierten. Mein Vater liebte schneidige Stiefel, ebenso guten Sitz seines Anzuges. Das schneeweiße Kopf- und Barthaar mit Veilchenseifen gewaschen und gebügelt, die Schnurrbartspitzen gedreht, nahte endlich mein Vater verheißend dem Versöhnungsmahl mit entgleisten heiligen Augen. Wir Kinder konnten uns das Lachen kaum mehr verbeißen, bis er selbst uns lachend rügte wegen der Dinge Ernst. Wir saßen nun rund um den Tisch, nicht wie eine Familie gerade, aber wie eine kleine Welt für sich, jeder von uns ein anders gearteter Mensch aus verschiedenen Blutfarben, die sich wohl ineinandermischten, zum Heil oder Unheil sich wieder absonderten; Länder einig an dem Tage Gottes. Ich war die jüngste und durfte immer neben meiner angebeteten Mama sitzen, die mir heimlich eine Zuckerfreude ins kleine karierte Kleidertäschchen steckte. Ich fühlte mich wie das ewige Leben neben ihr, die mich mal zur Welt gebracht hatte, und ich erinnerte mich an diesem Abend im warmen Samt des versöhnlichen Zimmers, wie ich auf dem Wiesenhang unter ihrem Herzen spielte. Ach, wenn ich daran zurückdenke, schließen sich meine Augen wieder halbblind, und wenn ich davon dichte, bluten die Buchstaben auf dem Schnee des Papiers. – Zuerst bekam ich stets mein geheiztes Tellerchen gefüllt, dann mein Vater, der liebe Markklöße; heimlich kontrollierte er die Zahl, die mit dem schaufelnden Suppenlöffel in die verschiedenen Teller erbarmungslos entschwanden. Dabei hätte er es nicht bemerkt, wenn die Markklöße aus Mehlpappe geknetet worden wären. – Neben meinem lieben Vater zur Linken schwärmte in Gedanken meine Schwester Martha Theresia und himmelte mit ihren mandelförmigen Augen im olivenfarbenen Gesicht. Meine zweite Schwester Annamarie, die schönste Blume im Wuppertale, pflegte manchmal ihren Arm durch den starken Husarenarm meines zweiten Bruders zu schieben. Sie hatte so etwas Hilfloses an sich in ihrer Zartheit. Zwischen meinem zweiten und ältesten Bruder, der von seiner Akademie zum Versöhnungstage gereist kam, speiste mein jüngster Bruder Paul Karl Schüler mit großer Bescheidenheit und Freundlichkeit. In dem Jahr er geboren worden, inspirierte meine Mutter die dazumal glühende Schiller-Zeit. Mein Bruder Paul besuchte auch noch die Schule, das Gymnasium, er dichtete lateinisch und griechisch, meine teure Mutter und er lasen sich heimlich im Wohnzimmer gegenseitig ihre Gedichte vor. Mir half er bei meinen Schularbeiten. Das waren Stunden für sich, er lehrte mich in der Naturkunde, gut zu den allerärmsten Menschen zu sein, gequälten Tieren beizustehen. Er nannte mir die Namen aller Steine seiner prachtvoll glitzernden Steinsammlung und oft nahm er mich bei der Hand, stieg mit mir die Anhöhe, an deren Fuß unser Haus lag, bis in den Wald hinauf und pflückte mit mir Bucheckern und Waldbeeren. Er kannte alle Bäume und Sträucher und Blumen, als ob er mit Gott die Welt geschaffen habe. »Zugegen war er sicher«, meinte auf dem Schulhof meine Freundin Emmy, »da er ein Heiliger ist, ein Apollon.« Genau wie Der gezeichnet in unserm Weltgeschichtsbuch ungeheuer vornehm gelehnt an einer Säule stand, sah mein blonder hochgewachsener jüngster Bruder aus. Dem ältesten aber bin ich ein fremdes Kind geblieben, er war viel älter wie ich, und da er sich selten im Elternhause aufhielt, gelang es mir nicht, ihn zwischen uns auf einer Schnur zu reihen. Ich phantasierte mit Hilfe meines Märchenbuchs vom verirrten Königssohn, denn seine Bruderschaft gestaltete sich mir in jedem Jahre schleierhafter und mysteriöser. Bis er mich einmal bei seiner Ankunft zu Hause zwischen Portieren hervorzog, hinter denen ich mich, von seinem faszinierenden Wesen behext, versteckt hatte, und mir einen Schlag wegen meiner Unhöflichkeit, wie ein Magister ermahnend, ins Gesicht gab: »Zum Andenken!« Die Ursache gänzlicher Entfremdung zwischen ihm und mir, zwischen Schwester und Bruder, der Eltern gleichgeliebten Kinder. Ja, meine Geschwister waren alle schön, ähnelten meinen Eltern, und ich konnte das wohl beurteilen, als kleiner, noch ungetrennter Ableger meiner Mutter, die mit mir ihre großen Kinder heimlich bewunderte. – Nach der Suppe kam Fisch in Buttersauce und liebliche Kartoffeln. Jedesmal erkundigte sich mein Vater, ob der Fisch auch kein Aal sei, da Moses ihn verboten habe zu genießen, – weil er in Leichen lebe ... Und dann kam Filet, garniert mit Gemüsen, und Mirabellenkompott, das wir zwei Kinder, mein Vater und ich, leidenschaftlich gerne mochten. Und er schien wenigstens nicht zu bemerken, daß meine älteste Schwester ihm mit dem Rest der eingemachten Früchte allesamt seinen Teller füllte, da er weiter dozierte: Man müsse aufhören zu essen, wenn man noch Hunger verspüre; also geraten habe das seinen Eltern und zweiundzwanzig Geschwistern und ihm der berühmte Sanitätsrat seiner Heimat in Westfalen, der Arzt gewesen war über tausend unheilbare Kranke. Bis eine Flamme plötzlich durch die von der Bedienerin geöffnete Türe schlug, den Plumpudding umzüngelte. Meine Mutter liebte, diese illuminierte Speise als Nachtisch reichen zu lassen, und ich war stolz auf dieses vornehme, gefährliche Gericht. Plumpudding mit Feuer und Weinsauce! Zu guter Letzt steckte sich mein Vater, was ihm auch an Alltagen nicht abzugewöhnen war, die große Serviette in die Rocktasche, bedeckte seinen lieben Kopf mit der Hand, der mußte vor Gott aus Demut beim Beten bedeckt sein; murmelte schnell wie vor Schulschluß noch das Ende des Extemporale herunter, unser ehrwürdigstes königliches Gebet: »Schema jisroel adonâ elohenu adonâ echod.« Worauf er am Arm meiner ältesten Schwester, seiner Tochter

Martha Theresia, aus dem Hause durch die Abendstraßen in den Osten der Stadt schritt, in den Synagogentempel. Er hatte längst die Bitte meiner Mutter, sich während der Predigt wenigstens zusammenzunehmen, vergessen. Den Versöhnungstag empfand mein Vater als größte Sensation im Jahr. An diesem Tage vergaß er sogar seine Bauten und Pläne. Mein Vater war der ausgelassenste Mensch gewesen, den ich je im Leben kennengelernt habe, einen Schelm hatte er immer wo auf dem Polster seines roten Herzens sitzen. Er war beileibe nicht frohgemut aus Tiefe (wie ich den Literaten mich fragen höre) – er war ausgelassen aus Breite. Er strömte, er brandete, er zerstörte; es gab kein Hemmnis für seine Laune, und er *konnte* mit dem Kopf durch die Wand. In Fastnachtsschellen begegnete ihm das Leid und die Sorge, und die Freude riß seine Tür aus der Angel. Aber sein Zon – mächtig konnte er wettern, spielte sich vor drolligen Kulissen ab, die drohten zwar zusammenzustürzen. Oft versteckten mich die Mägde, trotzdem mein Vater nie handgreiflich wurde, in den eingemauerten Küchenschrank, darin die Arbeiter schon parterre beim Bauen ihr Mittagsschläfchen gehalten haben. Es endete dann, im Fall er mich fand, daß ich zur Strafe – nicht zur Schule gehen durfte. Und heute schlug er doch wieder Synagogentür wie unsere arme Haustür rücksichtslos, nachdem er und meine Schwester ins Innere des heiligen Raumes getreten waren, ins Schloß, und seine Stimme, die jedem Juden eine Schelmerie zu berichten hatte, vernahm man bis auf den hintersten Sitzen der Balkone, auf deren jugendlichsten Martha Theresia zu sitzen pflegte. Und wenn mein Vater seine

Tochter im weißen Federhute endlich oben entdeckt hatte, vergaß er sich wieder zu bezwingen, falls ihre Nachbarinnen nicht seinem Geschmack entsprachen.

So störte er den Gottesdienst, ohne diese Sünde zu beabsichtigen, denn er fastete getreulich, ohne Klage, ohne auch nur mit den Gedanken daheim zu weilen, wo das Wasser schon kochte in der Kaffeemaschine zu dem Mokka, den mein Vater zunächst einzunehmen pflegte! Der Stern trat fürsorglich eine Viertelstunde früher aus den Wolken, wie sonst an den Abenden im Jahr, aber auch der christliche Kastellan verspätete sich nicht, der sich an meinen Vater wandte: »Herr Schüler, ech verlier verdeck minne Stellong hier in der jüdischen Kirche, wenn eck önk nich ganz ergebenst heraushol.« Mein Vater nahm das ohne weiteres heiter auf; der Synagogendiener war nämlich der Bruder von seinem alten Ausläufer Robert und wußte schon, was er tat. Er verdiente sich jedesmal einen Taler, wenn er dann auch noch meine Schwester von der Galerie, sie an ihren Fingerspitzen führend, in das kleine Synagogengärtchen meinem Vater behutsam brachte, wo beide auf die Freunde warteten. Ich hatte in der Zeit, wo meine älteste sechzehnjährige Schwester für uns betete, prompt ihren Befehl ausgeführt und des Oberprimaners Signalpfiff erhört: »Steh' ich in finsterer Mitternacht« ... Wenn auch mit enttäuschter Miene, statt seine Flamme, die kleine Schwester zu sehn, überreichte er mir doch, meinen Bubenkopf streichelnd, den Schulaufsatz, den er für seine angebetete Martha Theresia jeden Monat zu arbeiten pflegte. Sein Konterfei lag zwischen Deckel und Seite. Ich kam mir unendlich wichtig vor als postillon d'amour, manchmal verwechselte ich zwar die Signale, denn eines der Häuser, die an unsere kleine Gasse (Schülersgasse) grenzten, barg noch einen Verehrer, den meiner zweiten Schwester, in den herabhängenden Kastanienhaaren. Walters Herz entschwebte schon um sechs Uhr seinem ruhelosen Busen und sang: »Ich hab dein Bild im Traum gesehn ...« Der David-Stern unter der Stirn der Kuppel des heiligen Gottespalastes sandte seine Strahlen aus, in der Zeit die Juden den Tempel verließen, und noch heute glaube ich an seine Ausbreitung, da meine Augen wachgeöffnet ihn erschauen. Mit schlichter Andacht singt der Vorsänger, der heilige Mann, vor dem Altar über die Tora gebeugt, die Psalmen sternenalter Versöhnung. Es ist schön Jude zu sein, ist man ihm nie aus dem Weg gegangen, um eher das Ziel zu erreichen, ist man ihm treu geblieben und mit ihm verwachsen, von keiner äußeren Nichtigkeit verführt, aber vom Jordan umspült. Wer vermag mich zu entreißen dem uralten Jehovagebein, dem unerschütterlichen Fels! Prüfungen besteht der Jude täglich, Schmach schmeckt seinem Gaumen bitter, aber es entstehen Kräfte aus ihr, doch nicht jedem Juden gelingt es, den Erzduft im Blute zu erhalten. Messias, der schon einmal auf Erden wandelte, für dieses Geschenk des Himmels weder die Juden noch alle anderen Völker reif waren es zu bewerten und zu bewahren in seiner Echtheit, »er kam nicht etwa, die Gesetze umzustoßen, aber sie zu erfüllen«. Den Blutstand seines Volkes maß er, Trübungen klärte er, und die Lauheit verwarf er, aber auch Streitigkeit zu schlichten versuchte er. Er wird wieder kommen am Ende der Welt, der verkörperte Versöhnungstag, der Messias. Denn nur die Versöhnung aller Menschen vermag zu erheben und zu erlösen. Ein Stuhl um den Tisch bleibt für Messias frei, als Kind legte ich ihm mein schönstes Spielzeug zwischen Lehne und Sitz versteckt. Er würde es finden. Das Fasten des Magens ist nicht, wenn die Seele nicht jedes Tandes entkleidet schimmert: »Platzmachen für Gott«. Auf das Fasten der Seele, darauf kommt es an, denn in diesen großen Stunden soll sie sich füllen mit unerschöpflicher jubelnder Liebe des Versöhnungstages.

ELSE LASKER-SCHÜLER

So zweifelte die Seele, die bekennen möchte, ob ihr Bekenntnis Aufnahme finden werde. Erst indem sie aus dem Bekenntnis der Vergangenheit sich in das Bekennen der Gegenwart hineinwagt, fallen die Zweifel von ihr ab; indem sie ihre Sündhaftigkeit als noch gegenwärtige Sündhaftigkeit, nicht als geschehene »Sünde« bekennt, ist sie sich der Antwort gewiß, so gewiß, daß sie diese Antwort nicht mehr laut zu hören braucht; sie vernimmt sie in ihrem Innern; nicht Gott braucht sie von ihrer Sünde zu reinigen, sondern im Angesicht seiner Liebe reinigt sie sich selber; im gleichen Augenblick, wo die Scham von ihr gewichen ist und sie im freien, gegenwärtigen Geständnis sich hingibt, ist sie der göttlichen Liebe gewiß, so gewiß, als ob Gott selbst ihr jenes zuvor, als sie ihm die Sünden der Vergangenheit beichtete, ersehnte »Ich verzeihe« ins Ohr gesagt hätte; sie bedarf dieser förmlichen Absolvierung jetzt nicht mehr, sie ist ihrer Last ledig im Augenblick, wo sie sie ganz auf die Schultern zu nehmen gewagt hat.

FRANZ ROSENZWEIG

Vom Lächeln

Ich möchte behaupten, daß schlechte Laune weniger Ursache ist als Wirkung; sogar was die meisten Krankheiten angeht, möchte ich meinen, daß sie ganz einfach Folge mangelnder Höflichkeit, das heißt aber, einer Gewalttätigkeit des Körpers gegen sich selbst sind. Mein Vater, der von Berufs wegen mit Tieren zu tun hatte, pflegte sich darüber zu wundern, daß Tiere, obwohl den gleichen Bedingungen und gleichen Irrtümern unterworfen wie wir, doch viel weniger Krankheiten haben. Tiere haben eben keine schlechte Laune; ich verstehe darunter jene Gereiztheit und jenen Überdruß, die einzig der Gedanke unterhält. Zum Beispiel ärgern wir uns darüber, nicht schlafen zu können, wann wir möchten, und versetzen uns eben dadurch in die Lage, überhaupt nicht schlafen zu können; oder wir befürchten das Schlimmste und erzeugen in uns durch schwarze Gedanken einen Angstzustand, der die Heilung vollends unmöglich macht. Schon der Anblick einer Treppe genügt, unsere Einbildung zu mobilisieren und uns den Atem zu benehmen just dann, wenn wir nötig hätten, besonders frei zu atmen. Und genau besehen, ist Zorn ebenso eine Krankheit wie Husten; man könnte Husten geradezu als eine Art des Zorns auffassen; denn seine Ursache ist zwar körperlicher Natur, aber alsbald bemächtigt sich seiner die Einbildung; sie wartet auf ihn, lauert ihm auf; von der verrückten Idee besessen, daß man sich am besten von einem Übel befreie, indem man es auf die Spitze treibe, provoziert man einen Hustenanfall nach dem anderen. Nicht anders beim Kratzen. Ich weiß, auch Tiere kratzen sich; sie kratzen sich manchmal sogar wund; aber es ist das fragwürdige würdige Privileg des Menschen, sich bereits am bloßen Gedanken zu reiben und allein durch die Leidenschaften sich körperlich erregen und beliebigen Stellen Blut zuführen zu können.

Die Leidenschaften mögen dabei noch hingehen; sich von ihnen zu befreien, ist nicht ohne weiteres möglich; höchstens auf langen, systematischen Umwegen, zum Beispiel dem, keine Ehren zu suchen, um sie nicht schließlich zu begehren.

Schlechte Laune dagegen verfolgt und quält uns nur deswegen, weil wir in ihr eine Körperhaltung einnehmen, die das, was uns traurig stimmt, nicht nur bestätigt, sondern sogar noch unterstützt. Wer sich langweilt, hat eine Art zu stehen, zu sitzen, zu sprechen, die in allem dazu angetan ist, seiner Langeweile neue Nahrung zuzuführen. Ähnlich der Zornige, der sich nur auf andere Art in seinen Zorn verbeißt; und der Mutlose, anstatt sich durch eine Handlung die Massage zu verschaffen, deren er bedarf, spannt umgekehrt seine Muskeln nur noch mehr ab.

Dagegen anzugehen, ist keineswegs Sache der Vernunft; die Vernunft ist hier machtlos; man muß vielmehr seine Haltung und seine Bewegungen ändern; denn unsere Muskeln sind der einzige Teil unseres Körpers, den wir in der Gewalt haben. Geeignete Maßnahmen gegen die Sorge sind zum Beispiel Lächeln und Achselzucken; diese beiden wirken nämlich unmittelbar auf die Peristaltik. Ähnlich kann man sich jederzeit nach Belieben recken und zum Gähnen bringen: das beste Mittel gegen Angst und Ungeduld. Aber der Ungeduldige kommt ebensowenig auf die Idee, den Gleichgültigen zu spielen, wie der Schlaflose auf die Idee, so zu tun, als ob er schliefe. Ganz im Gegenteil, ihre schlechte Laune nistet sich ein, weil sie ihr Gelegenheit geben, sich immer neu an sich selber anzustecken. Da es uns an Weisheit fehlt, nehmen wir unsere Zuflucht zur Höflichkeit; wir gehen aus; wir unterwerfen uns dem Zwang, liebenswürdig zu sein. Eben darum ist die Gesellschaft der Indifferenten so gesucht.

ALAIN

Der alte Brunnen

Lösch aus dein Licht und schlaf! Das immer wache
Geplätscher nur vom alten Brunnen tönt.
Wer aber Gast war unter meinem Dache,
Hat sich stets bald an diesen Ton gewöhnt.

Zwar kann es einmal sein, wenn du schon mitten
im Traume bist, daß Unruh geht ums Haus,
Der Kies beim Brunnen knirscht von harten Tritten,
Das helle Plätschern setzt auf einmal aus,

Und du erwachst, – dann mußt du nicht erschrecken!
Die Sterne stehn vollzählig überm Land,
Und nur ein Wandrer trat ans Marmorbecken,
Der schöpft vom Brunnen mit der hohlen Hand.

Er geht gleich weiter, und es rauscht wie immer.
O freue dich, du bleibst nicht einsam hier.
Viel Wandrer gehen fern im Sternenschimmer,
Und mancher noch ist auf dem Weg zu dir.

HANS CAROSSA

Höflichkeit ist geregelte Gleichgültigkeit.
Lächeln ist ein System.
Rücksicht ist Voraussicht.

PAUL VALÉRY

Verzeih mir, daß ich so dich suche,
so unbeholfen, in – dir.
Verzeih mir den Schmerz zuweilen.
Ich will aus dir ja nur dein bestes Du
Hervorholen. Jenes,
das du nicht sahst, doch das ich sehe,
ich, schwimmend in deiner herrlichen Tiefe.
Ich will es erhaschen
Und in die Höhe will ich es halten,
wie der Baum das letzte Licht
hochhält, das er der Sonne fand.
Und dann, auf der Suche nach ihm,
würdest du emporkommen.
Um es zu erreichen,
über dich hinausgehen, wie ich dich mag,
deine Vergangenheit nur noch
mit den rosa Zehenspitzen berührend,
der ganze Körper gestrafft, schon aufsteigend

von dir zu dir selbst.
Und möge meine Liebe dann erwidert werden
Von dem neuen Geschöpf, das du warst.

PEDRO SALINAS

Spät auf der Straße

Laternen spiegeln durch die Nacht
Im nassen Straßenpflaster –
in dieser späten Stunde wacht
Nur noch die Not und das Laster.
Ich grüße euch, die ihr wachet!
Euch, die ihr liegt in Not und Leid,
Euch, die ihr lärmet und lachet
Und die ihr alle meine Brüder seid.

HERMANN HESSE

Der Mensch ist Kunst, denn er ist stolz und einsam. Er benutzt die Erde als einen Vorwand, der – zur Bewältigung seines Daseins – gültiger ist denn der Himmel.

Die Religionen haben keinerlei Sinn für den Reiz des immanenten Nichts, für den Schein als solchen. Ihnen ist das Untergehen an sich und der Zauber des Sinnlosen fremd. Der Erde sind sie abhold. Deshalb wollen sie uns vom Ich erlösen, von dieser seltsamsten Blüte unter der Sonne.

Das Einzeldasein übt eine dermaßen niederschmetternde Anziehungskraft aus, weil es einem Zusammenbruch des Gleichgewichts entsprungen ist, einer Ungleichheit des Lebensurgrunds. Die Religionen wollen die Mannigfalt einebnen; die Einzelwerdung ausmerzen. Der Sinn der Erlösung ist das Verschwinden des Fürworts.

Ich dulde kein anderes Absolutum außer meinem Akzidens. Daß ich zufällig da bin, dünkt mich der Wahn meines Seins, mein allerhöchster Sinn zu sein. Nichts gedenke ich an diesem Zufall zu berichtigen.

Jeder von uns ist ein geborener Rekonvaleszent der eigenen Individuation. Sofern du von ihr nicht geheilt wirst und in dir selbst ohne Heilung verharrst, bist du Mensch.

Aufgehen in der Natur, in der Menschheit, in Gott? Aber vor jedem Wollen bist du in dir ertrunken.

Mir träumte, daß ich in Allem gestorben bin, ich suchte in den Gestirnen nach meinen Gebeinen – und fand mich wieder am Fuße des Ichs, mein Selbstsein beweinend.

Im Unterschied zum Traum drückt der Schatten einen undeutlichen Überschuß an Dasein aus. Nachdem du Welten ersonnen und in Welträumen verloren hast – erwachst du mit der Sehnsucht nach etwas, was sein könnte – dem Ich –, einem Seinsschatten in allgemeinem Seinsmangel.

Die Religionen haben mir den Pfad der Seligkeit gewiesen – um den Preis meiner selbst. Doch der Wahn, hier zu sein, ist kräftigender als die Versöhnung, nirgendwo zu sein, über die Himmel verstreut.

... Und dann kehrte ich zur Erde zurück und entsagte Erlösung.

E. M. CIORAN

Versöhnung

Viel des Versöhnenden geschieht auch jetzt
Verborgen zwar, so daß wir's kaum gewahren
Und wenig achten in der allgemeinen
Verfinsterung. Und wie in Blitz und Donner
Das Säuseln untergeht, die leise Stimme
Des Windes im Gezweig, der Atem Gottes
Und ist doch immer da, ein dringlich Flüstern.

So will auch Liebe nicht verabsäumt werden
Und lebt und hebt sich immer wieder zitternd
Wie eine helle Blume, die von Wolken
Des Hasses überschattet unablässig
Den Kelch zum Lichte wendet, daß sie fände
Den süßen Strahl und blühte in der Stille.

Denn Stille ist noch in der Welt und Schweigen
Im Niemandsland am fremden Flußgestade
Und sanfter nach der Schlachten Ungewitter
Und glühender umkreisen die Gedanken
Das liebe Angesicht, daß es sich neige

Und, lang verloren, wunderbar erglühe.

Und so, den dunkeln Mächten abgezwungen
Genährt vom Strome der Erinnerungen
Die Blume blühe.

MARIE LUISE KASCHNITZ

Zwist, ich kenne dich nicht! Und mein Rat ist, daß man lebe!
Mit der Fackel im Wind, mit der Flamme im Wind,
Und daß alle Menschen in uns so innig darin sich mischen und sich verzehren,
Daß an solcher wachsenden Fackel in uns sich entzünde eine höhere Helle …

SAINT-JOHN PERSE

Der Friede

Seltsam verborgener Friede
Überleuchtet die Schmach;
Dem tödlichen Schicksalsliede
Klingt es wie Wehmut nach.

Vom letzten Gewölke umflogen,
Atmen die Berge befreit,
Und Rosen wölben den Bogen
Tief in die Einsamkeit,

Da der Kindheit Tannen umschauern
Der Täler versunkenes Glück.
Im Beten, Schweigen und Trauern
Tastet das Herz sich zurück,
Dem reinen Glanze entgegen,
Der einst auf den Dingen lag,
Und strömender Liebe Segen
Vollendet den Erdentag.

REINHOLD SCHNEIDER

Vom Standpunkt der Erlösung

Zum Ende. – Philosophie, wie sie im Angesicht der Verzweiflung einzig noch zu verantworten ist, wäre der Versuch, alle Dinge so zu betrachten, wie sie vom Standpunkt der Erlösung aus sich darstellten. Erkenntnis hat kein Licht, als das von der Erlösung her auf die Welt scheint: alles andere erschöpft sich in der Nachkonstruktion und bleibt ein Stück Technik. Perspektiven müßten hergestellt werden, in denen die Welt ähnlich sich versetzt, verfremdet, ihre Risse und Schründe offenbart, wie sie einmal als bedürftig und entstellt im Messianischen Lichte daliegen wird. Ohne Willkür und Gewalt, ganz aus der Fühlung mit den Gegenständen heraus solche Perspektiven zu gewinnen, darauf allein kommt es dem Denken an. Es ist das Allereinfachste, weil der Zustand unabweisbar nach solcher Erkenntnis ruft, ja weil die vollendete Negativität, einmal ganz ins Auge gefaßt, zur Spiegelschrift ihres Gegenteils zusammenschießt. Aber es ist auch das ganz Unmögliche, weil es einen Standort voraussetzt, der dem Bannkreis des Daseins, wäre es auch nur um ein Winziges, entrückt ist, während doch jede mögliche Erkenntnis nicht bloß dem was ist erst abgetrotzt werden muß, um verbindlich zu geraten, sondern eben darum selber auch mit der gleichen Entstelltheit und Bedürftigkeit geschlagen ist, der sie zu entrinnen vorhat. Je leidenschaftlicher der Gedanke gegen sein Bedingtsein sich abdichtet um des Unbedingten willen, um so bewußtloser, und damit verhängnisvoller, fällt er der Welt zu. Selbst seine eigene Unmöglichkeit muß er noch begreifen um der Möglichkeit willen. Gegenüber der Forderung, die damit an ihn ergeht, ist aber die Frage nach der Wirklichkeit oder Unwirklichkeit der Erlösung selber fast gleichgültig.

THEODOR W. ADORNO

Der Andere

Tiefere Wunden als mir
Schlug dir das Schweigen,
größere Sterne
spinnen dich ein in das Netz ihrer Blicke,
weißere Asche
liegt auf dem Wort, dem du glaubtest.

PAUL CELAN

Alle Menschen haben Zugang zu Gott, aber jeder einen anderen. Gerade in der Verschiedenheit der Menschen, in der Verschiedenheit ihrer Eigenschaften und ihrer Neigungen liegt die große Chance des Menschengeschlechts. Gottes Allumfassung stellt sich in der unendlichen Vielheit der Wege dar, die zu ihm führen, und von denen jeder einem Menschen offen ist.

MARTIN BUBER

Rudern. Gespräche

Es ist Abend. Vorbei gleiten
Zwei Faltboote, darinnen
Zwei nackte junge Männer. Nebeneinander rudernd
Sprechen sie. Sprechend
Rudern sie nebeneinander.

BERTOLT BRECHT

Vergnügungen

Der erste Blick aus dem Fenster am Morgen
Das wiedergefundene alte Buch
Begeisterte Gesichter
Schnee, der Wechsel der Jahreszeiten
Die Zeitung
Der Hund
Die Dialektik

Duschen, Schwimmen
Alte Musik
Bequeme Schuhe
Begreifen
Neue Musik
Schreiben, Pflanzen

Freundlich sein

BERTOLT BRECHT

Friedenskongreß

Ein Flugzeug landet mit hundert Lügnern an Bord.
Mit einer Handvoll Blumen empfängt sie die Stadt,
mit einem Geruch nach Naphta und Schweiß,
mit einem Wind aus den Ebenen Asiens.

Unter den Scheinwerfern sagen die Lügner
in fünfzig Sprachen: Wir sind gegen den Krieg.
Schweigend geb ich den Lügnern recht.
Die Lügner sagen die Wahrheit, doch
warum brauchen sie fünfzig Stunden
für einen einzigen Satz?

Wenn sie abreisen, sind die Blumen grau.
Die Aschbecher fließen über
von solidarischen Kippen,
unerschütterlichen Zigarrenenden
und unbesieglichen Stummeln.
In den Spucknäpfen schwimmt der Frieden.

Im Weißen Haus, unter den Scheinwerfern
verkünden zur selben Stunde die ehrlichen Leute
eine andere Wahrheit: Der Krieg wächst.
Nur die Lügner sind unerschütterlich.

Im Weißen Haus sind die Blumen frisch,
die Spucknäpfe desinfiziert
und die Aschbecher sauber wie Bomben.

Ein Windstoß fährt über die Stadt,
ein Wind aus den Ebenen Asiens. So pfeift
eine gedrosselte Frau, die um ihr Leben kämpft.

HANS MAGNUS ENZENSBERGER

Morgen wird
was war
vertauscht sein
mit dem Himmel
und das Blut der Sonne
niedertropfen
in den Schnee.
Kein Gebet
wird mich am Abend
trösten
und kein Baum
verstehn.
In die Berge
muß mein Kummer ziehn
und die Amsel mich
am frischen Grab
bewachen.

THOMAS BERNHARD

Schließlich ist es der Wunsch, diese verlorene Einheit
zurückzugewinnen, die den Menschen gezwungen hat,
die Gegensätze als komplementäre Aspekte einer einzigen Wirklichkeit aufzufassen. Von solchen existentiel-
len Erfahrungen, ausgelöst vom Drang, die Gegensätze

zu transzendieren, haben die ersten theologischen und philosophischen Spekulationen ihren Ausgang genommen. Bevor sie zu ausgesprochen philosophischen Begriffen geworden sind, bildeten das Eine, die Einheit und die Ganzheit Sehnsüchte, die sich in Mythen und Glaubensvorstellungen offenbarten und in mystischen Riten und Techniken zum Ausdruck kamen. Auf der Stufe des vorsystematischen Denkens drückt sich in dem Mysterium der Ganzheit das Bestreben des Menschen aus, einen Gesichtspunkt zu gewinnen, von dem aus sich die Gegensätze auflösen, der Geist des Bösen sich als Anstifter zum Guten entpuppt, die Dämonen als Nachtseite der Götter erscheinen. Die Tatsache, daß diese archaischen Themen und Motive in der Folklore fortleben und in der Welt der Träume und des Imaginären unablässig auftreten, beweist, daß das Mysterium der Ganzheit zum Wesen des menschlichen Dramas gehört. Es kehrt in mannigfacher Gestalt und auf allen Ebenen des kulturellen Lebens wieder – in der mystischen Theologie und Philosophie ebenso wie in der Mythologie und Folklore der ganzen Welt; in Träumen und Phantasien ebenso wie in den Schöpfungen der Kunst.

MIRCEA ELIADE

Unleugbar wird hier die Grenze sichtbar, die der psychologischen Hilfe gezogen ist. Nicht wenige traumatisierende Faktoren liegen in den »Umständen«, die sich die Gesellschaften geschaffen haben. Die psychologische Analyse dieser Verhältnisse bringt – sehr langsam – eine Erweiterung des Bewußtseins mit sich, die es gestattet, das Prekäre der gesellschaftlichen Realität und der von ihr geforderten, oft intolerablen, Zumutungen zu erkennen; vielleicht sogar den falschen Zirkel von Reiz und Reaktion, von Versagungen und Enthemmungen, der auf diese Weise in Gang kommt. Die Apotheose des »integralen Menschen«, die keine Zeichen des Leidens mehr an ihm wahrhaben möchte, eines »well adjusted member of the society«, ist ein Wunschbild der Ideologie mit »objektiv verdeckender Funktion« (Theodor W. Adorno). Sieht man genauer zu, so entdeckt man, daß dieser friedliche, mit der Gesellschaft versöhnte Prototyp sowohl für die »freie« wie für die diktatorisch unterjochte Welt attraktiv ist. Einmal soll sich Triebverhalten in beschützter Freiheit von selbst den Realforderungen einfügen, das andere Mal soll der Mensch ein Wesen sein, das nichts anderes als eiserne Strenge zu seinem Glück braucht.

Bezogen auf die Gegenwart kann das nichts anderes heißen, als daß die Mobilisierung und Spezialisierung, die aus der Massenhaftigkeit und den Bedürfnissen der Industrialisierung sich ergeben haben, durch *seelische Konfektionierung* zu ergänzen seien, als müßten nur einige Frustrierungen gemildert werden, um ein praktikables Arbeits- oder Konsumindividuum heranzuzüchten, das leicht zu manipulieren und jederzeit »einsatzfähig« ist. Adorno sagt im Hinblick auf diesen »überwältigten« Menschen, er »verwechsele die zufällige Chance seiner seelischen Ökonomie mit dem objektiven Zustand«, »seine Integration wäre die falsche Versöhnung mit der unversöhnten Welt und sie liefe vermutlich auf Identifikation mit dem Aggressor hinaus«. In allen

Diktaturen, in denen immerhin der Ansatz zu einer kritisch sich fundierenden Denkopposition besteht, wurde bislang die Psychoanalyse verboten. Das kann nur bedeuten, daß sie als Mittel gegen verdeckende und das Bewußtsein verfälschende Manipulation gefürchtet wird. Die »integrale Persönlichkeit« mag es in Ausnahmefällen geben, als geplantes Wesen kann sie nur eines sein, das sich selbst mit der Propaganda, die mit ihm gemacht wird, verwechselt. Für die gegenwärtige Gesellschaft wie für alle vorangegangenen gilt: je stärker der Zwang zum Konformismus ist, vorbezeichnete Teile der Realität zu leugnen, desto unausweichlicher ist Leiden, z. B. Isolierung als Ketzer, als Feind, mit der Aufhebung der Verdrängung verbunden. Dieser Zusammenhang spielt aber den Machthabern in die Hände, weil Menschen ohne eine überlegte Zielvorstellung schmerzliche Konfrontationen mit sich selbst vermeiden und in Ruhe mit falschem Bewußtsein weiterleben.

ALEXANDER MITSCHERLICH

Nichts zu berichten.
Das Einhorn ging fort
und ruht im Gedächtnis der Wälder,

in den Kammern des Mohns,
wenn die Äbtissin Sonne und Mond
den Toten gibt.

Der Herbst lichtet sich,
verliert sein Gedächtnis
in der Blutspur der Buche.

Was bleibt, ist nicht mehr
als der schwarze Draht in der Luft,
der zwei Stimmen vereinigt.

In der weißen Abtei des Winters
ein lautloser Flügelschlag.
Im Namen dessen –
bis ans Ende der Tage.

PETER HUCHEL

Nachwort

Noch lebt
ein windiger Vollstrecker:
dein Mann im Ohr. Er sagt,
die erste Version, die Lerche,
sei ein Druckfehler. (Ich glaub ihm nicht.)
Aber die endgültige Fassung,
– Hüter deines Bettes! –
die sei zum Greifen. Ist bereits
vergriffen; Nachruf.

Ich rufe dir nicht nach.
Den Passanten flüstere ich
deine Vorhersagen zu. Und unverhörens
treffen sie ein, pünktlich

wie der Zug der Zeit. Dich,
unter der Erde,
ficht es nicht mehr an,
recht zu behalten.

WOLFGANG HILDESHEIMER

Schlaf ein wenig

Schlaf ein wenig,
leg das Telefon aufs Bett.
Sieh den Lauf der Welt
bei geschlossenen Augen –
Kinkerlitzchen, in der Sprache
kleiner Kinder.
Später die Schlaflosigkeit.
Doch jetzt bin ich froh,
daß du mit offenem Mund
schläfst.
Das Zimmer ist plötzlich
ganz hell von Schlaf.
Das Grün von Blättern
ist trocken wie manche Lippen,
gefrorene Erdbeeren.
Ihre Hand lag dicht
am Mund. Was man mag,
bleibt erhalten
für kurze Zeit,
deren Ende andere
bestimmen.

KARL KROLOW

Voss *ruft aus*
Die höchste Kunst ist die Backkunst
RITTER *lacht laut auf*
VOSS *riecht wieder an seinen Brandteigkrapfen*
Wenn wir sie das erstemal essen ja
aber dann
dann werden sie immer abgeschmackter
und schließlich hassen wir sie
und dann hassen wir nichts mehr
als Brandteigkrapfen
auch wenn uns andauernd gesagt wird
daß wir die Brandteigkrapfen lieben
wie nichts sonst
zur älteren Schwester
Du denkst ich esse die Brandteigkrapfen
ja vielleicht esse ich sogar einen Brandteigkrapfen
vielleicht
der Teufel sagt
iß den Brandteigkrapfen
den deine Schwester gebacken hat
der Teufel sagt es
der Teufel sagt es
und Ludwig ißt ihn
RITTER *lacht auf*
VOSS
Ludwig ißt den Brandteigkrapfen
den seine Schwester gebacken hat
die ältere hat ihn gebacken
die jüngere hat ihn aufgetragen
und jetzt warten sie beide darauf
daß ich ihre Brandteigkrapfen esse

überdeutlich
Vorgesetztbekommenes
Wenn wir in Betracht ziehen
daß wir mit allen diesen Brandteigkrapfen
mit allen diesen Suppen und Saucen
alt und häßlich und stumpfsinnig und wertlos
geworden sind
ist es doch ganz und gar logisch
daß wir auch diese Brandteigkrapfen essen
alle Brandteigkrapfen
die uns jemals auf den Tisch gestellt werden
packt einen Brandteigkrapfen von seinem Teller
und ißt ihn wie ein Tier in einem Zuge auf,
würgend
Wir fressen ihn auf den Brandteigkrapfen
den unsere Schwester gebacken hat
wir machen den Mund weit auf
und stecken den Brandteigkrapfen hinein
und würgen ihn hinunter
zur älteren Schwester, den Brandteigkrapfen
hinunterwürgend
Siehst du wie ich deinen Brandteigkrapfen
hinunterwürge
ein so ekelhafter Brandteigkrapfen
ein so widerwärtiger Brandtcigkrapfen
meine Lieblingsmehlspeise
siehst du

THOMAS BERNHARD

...daß es Versöhnung ohne Erinnerung gar nicht geben kann

Jüngere und Ältere müssen und können sich gegenseitig helfen zu verstehen, warum es lebenswichtig ist, die Erinnerung wachzuhalten.

Es geht nicht darum, Vergangenheit zu bewältigen. Das kann man gar nicht. Sie läßt sich ja nicht nachträglich ändern oder ungeschehen machen. Wer aber vor der Vergangenheit die Augen verschließt, wird blind für die Gegenwart. Wer sich der Unmenschlichkeit nicht erinnern will, der wird wieder anfällig für neue Ansteckungsgefahren.

Das jüdische Volk erinnert sich und wird sich immer erinnern. Wir suchen als Menschen Versöhnung.

Gerade deshalb müssen wir verstehen, daß es Versöhnung ohne Erinnerung gar nicht geben kann. Die Erfahrung millionenfachen Todes ist ein Teil des Innern jedes Juden in der Welt, nicht nur deshalb, weil Menschen ein solches Grauen nicht vergessen können. Sondern die Erinnerung gehört zum jüdischen Glauben.

»Das Vergessenwollen verlängert das Exil,
und das Geheimnis der Erlösung heißt Erinnerung.«

Diese oft zitierte jüdische Weisheit will wohl besagen, daß der Glaube an Gott ein Glaube an sein Wirken in der Geschichte ist. Die Erinnerung ist die Erfahrung vom Wirken Gottes in der Geschichte. Sie ist die Quelle des Glaubens an die Erlösung. Diese Erfahrung schafft Hoffnung, sie schafft Glauben an Erlösung, an Wiedervereinigung des Getrennten, an Versöhnung. Wer sie vergißt, verliert den Glauben.

Würden wir unsererseits vergessen wollen, was geschehen ist, anstatt uns zu erinnern, dann wäre dies nicht nur unmenschlich. Sondern wir würden damit dem Glauben der überlebenden Juden zu nahetreten, und wir würden den Ansatz zur Versöhnung zerstören.

Für uns kommt es auf ein Mahnmal des Denkens und Fühlens in unserem eigenen Interesse an. [...]

Die Willkür der Zuteilung unterschiedlicher Schicksale ertragen zu lernen, war die erste Aufgabe im Geistigen, die sich neben der Aufgabe des materiellen Wiederaufbaus stellte. An ihr mußte sich die menschliche Kraft erproben, die Lasten anderer zu erkennen, an ihnen dauerhaft mitzutragen, sie nicht zu vergessen. In ihr mußte die Fähigkeit zum Frieden und die Bereitschaft zur Versöhnung nach innen und außen wachsen, die nicht nur andere von uns forderten, sondern nach denen es uns selbst am allermeisten verlangte. [...]

Stärker als früher hat der letzte Krieg die Friedenssehnsucht im Herzen der Menschen geweckt. Die Versöhnungsarbeit von Kirchen fand eine tiefe Resonanz. Für die Verständigungsarbeit von jungen Menschen gibt es viele Beispiele. Ich denke an die »Aktion Sühnezeichen« mit ihrer Tätigkeit in Auschwitz und Israel. Eine Gemeinde der niederrheinischen Stadt Kleve erhielt neulich Brote aus polnischen Gemeinden als Zeichen der Aussöhnung und Gemeinschaft. Eines dieser Brote hat sie an einen Lehrer nach England geschickt. Denn dieser Lehrer aus England war aus der Anonymität herausgetreten und hatte geschrieben, er habe damals im Krieg als Bombenflieger Kirchen und Wohnhäuser in Kleve zerstört und wünsche sich ein Zeichen der Aussöhnung.

Es hilft unendlich viel zum Frieden, nicht auf den anderen zu warten, bis er kommt, sondern auf ihn zuzugehen, wie dieser Mann es getan hat. [...]

Bei uns ist eine neue Generation in die politische Verantwortung hereingewachsen. Die Jungen sind nicht verantwortlich für das, was damals geschah. Aber sie sind verantwortlich für das, was in der Geschichte daraus wird.

Wir Älteren schulden der Jugend nicht die Erfüllung von Träumen, sondern Aufrichtigkeit. Wir müssen den Jüngeren helfen zu verstehen, warum es lebenswichtig ist, die Erinnerung wachzuhalten. Wir wollen ihnen helfen, sich auf die geschichtliche Wahrheit nüchtern und ohne Einseitigkeit einzulassen, ohne Flucht in utopische Heilslehren, aber auch ohne moralische Überheblichkeit.

Wir lernen aus unserer eigenen Geschichte, wozu der Mensch fähig ist. Deshalb dürfen wir uns nicht einbilden, wir seien nun als Menschen anders und besser geworden.

Es gibt keine endgültig errungene moralische Vollkommenheit – für niemanden und kein Land! Wir haben als Menschen gelernt, wir bleiben als Menschen gefährdet. Aber wir haben die Kraft, Gefährdungen immer von neuem zu überwinden.

Hitler hat stets damit gearbeitet, Vorurteile, Feindschaften und Haß zu schüren.

Die Bitte an die jungen Menschen lautet:

Lassen Sie sich nicht hineintreiben in Feindschaft und Haß
gegen andere Menschen,
gegen Russen und Amerikaner,

gegen Juden oder Türken,
gegen Alternative oder Konservative,
gegen Schwarz oder Weiß.
Lernen Sie, miteinander zu leben, nicht gegeneinander.

Lassen Sie auch uns als demokratisch gewählte Politiker dies immer wieder beherzigen und ein Beispiel geben.
Ehren wir die Freiheit.
Arbeiten wir für den Frieden.
Halten wir uns an das Recht.
Dienen wir unseren inneren Maßstäben der Gerechtigkeit.

RICHARD VON WEIZSÄCKER

Diese Dauer, was war sie?
War sie ein Zeitraum?
Etwas Meßbares? Eine Gewißheit?
Nein, die Dauer war ein Gefühl,
das flüchtigste aller Gefühle,
oft rascher vorbei als ein Augenblick,
unvorhersehbar, unlenkbar,
ungreifbar, unmeßbar.
Und doch hätte ich, mit ihrer Hilfe,
welchen Widersacher auch immer
anlachen und ihn entwaffnen können,
hätte die Meinung,
ich sei ein böser Mensch,
umgewandelt in die Überzeugung:
»Er ist gut!«,

wäre, gäbe es einen Gott,
das Gefühl der Dauer lang dessen Kind
gewesen.
[...]
Mit der Handauflegung der Dauer
schließt sich die Wunde,
welche mir erst bewußt wird,
indem sie sich schließt.

PETER HANDKE

Zärtlichkeit

Das raschelnde Laub in der Brise,
die Blütenblätter im Wind –
ich möchte hingehn, wo diese
anderen Menschen sind:

ahnungslos in der Liebe,
liebevoll, Wort um Wort,
und zueinander, als riebe
sich Wange an Wange am Ort,

den es niemals gegeben
und schon gar nicht im Paradies:
irgendwo nur und daneben,
was man mit Zärtlichkeit hieß

das Leben, wie das Empfinden
von etwas, das raschelt im Laub
in der Brise, um zu verschwinden
im wehenden Blütenstaub.

KARL KROLOW

Er kann sich nicht satt sehen an den Gesichtern im Bus.
Er könnte endlos fahren, glaubt er. Obwohl er zuschaut,
fühlt Meßmer sich aufgenommen in eine Gruppe, einen
Verband.

MARTIN WALSER

Neuer Tag

Auferstanden vom Schlaf
gesättigt vom Traum
sind wir da
und fordern den Tag.

Schöneres kann uns nicht blühn
als der Baum vor dem Hause
des Nachbarn.
Begabter können die Sinne nicht sein
als wahrzunehmen was uns gebührt.

ELISABETH BORCHERS

Federflug

Eine Feder, die durch die geöffnete
Balkontür bald herein, bald
hinaus weht, als wüßte sie
nicht, was sie einlösen soll, ein
Versprechen oder einen Fluch oder
eine Illusion oder ein Versäumnis oder

einen Schwur, was kann trauriger und
zugleich stolzer sein, als eine
einsame Feder, ganz
gleich, wofür sie sich

entscheidet, und ob sie von einem Flügel
aufgegeben wurde oder sich eigenwillig
von einem Flügel löste?

FRANZ HODJAK

Ethos der Differenz

So richtig es ist, daß starre Identität und starrer Konsens
das schöpferische Potential von Differenz eliminieren, so
sehr gilt doch auch, daß dieses Potential verschwindet,
wenn die Differenz spannungslos wird, weil keiner der
Beteiligten sich mehr ans bestimmte Eigene gebunden
fühlt, keiner das Andere als möglicherweise heilsame
Provokation zur ernsthaften Selbstveränderung erlebt
und alle Gerichtetheit auf einen möglichen Konsens –
und sei es den über die Differenz – verschwunden ist.

Identität nicht im Sinne stabiler Merkmale, aber einer kommunikativen und konstruktiven Beziehung des Menschen auf sich selbst und das nicht zum Selbst Gehörige ist die Voraussetzung für den schöpferischen Umgang mit dem Anderen und für ein Ethos der Differenz.

HANS JOAS

Die Dinge ganz lassen

In einem Feld
bin ich das,
was es nicht ist.
Immer
ist das der Fall.
Wo ich auch bin,
bin ich das, was fehlt.

Wenn ich gehe,
teil ich die Luft,
und immer
strömt sie nach,
um die Räume zu füllen,
wo mein Körper gewesen ist.

Alle haben wir Gründe,
uns zu bewegen.
Ich bewege mich,
um die Dinge ganz zu lassen.

MARK STRAND

Autoren- und Quellenverzeichnis

THEODOR W. ADORNO (1903-1969)
Vom Standpunkt der Erlösung (S. 109), aus: Minima Moralia (1951), in: Gesammelte Schriften, hg. v. R. Tiedemann, Band 4, Frankfurt/Main: Suhrkamp 1980, S. 283.

ALAIN (D. I. EMILE CHARTIER; 1858-1951)
Vom Lächeln (S. 101) (1923), Alain, Die Pflicht, glücklich zu sein (1923), übers. v. A. Fabri, Frankfurt/Main: Suhrkamp 1982, S. 34-36.

ARISTOTELES (384-322)
Verbittert ist der schwer zu Versöhnende (S. 16), in: Nikomachische Ethik (322 v. Chr.), übers. v. A. Lasson, Jena: Diederichs 1909, S. 86.

ACHIM VON ARNIM (1781-1831)
... die Versöhnung war immer noch reicher (S. 7), aus: Armut, Reichtum, Schuld und Buße der Gräfin Dolores (1810), in: Werke, Band 1, hg. v. P. M. Lützeler, Frankfurt/Main: Deutscher Klassiker Verlag 1989, S. 163 – ... aber erst, wenn feindliche Stämme (S. 64), aus: Die Kronenwächter (1817), in: ebenda, S. 532.

BETTINE VON ARNIM (1785-1859)
Aber die große schöne Versöhnungsstille (S. 68), aus: Die Günderode (1840), in: Werke und Briefe, Band 1, hg. v. W. Schmitz, Frankfurt/Main: Deutscher Klassiker Verlag 1986, S. 411. – Kleinlich ist dies Wettern und Schmettern des Kriegs (S. 71), aus: Gespräche mit Dämonen. Des Königsbuches zweiter Band (1852), in: Werke und Briefe, hg. v. G. Konrad, Frechen: Bartmann 1959, Band 3, S. 321.

ÄSOP (6. Jh. v. Chr.)
Ein Granatbaum (S. 15), in: Schöne Fabeln des Altertums, hg. u. übers. v. H. Grasse, Leipzig: Dieterich 1955, S. 67.

AUGUSTIN (354-430)
Die Liebe tut dem Nächsten nichts Böses an (S. 22), aus: De vera religione (um 400), in: Augustinus. Liebe und tu, was du willst, hg. v. M. Treberian, Frankfurt/Main: Insel 1998, S. 28 f.

FRANCIS BACON (1561-1626)

Von der Rache (S. 27), in: Essays (1597), hg. v. H. Winter, Frankfurt/Main: Insel 1993, S. 45 f.

CESARE BECCARIA (1738-1794)

Unerbittlich also mögen die Gesetze sein (S. 32), in: Über Verbrechen und Strafen (1766), hg. u. übers. v. W. Alff, Frankfurt/Main: Insel 1998, S. 176.

THOMAS BERNHARD (1931-1989)

Morgen wird was war (S. 113), aus: Unter dem Eisen des Mondes (1958), in: Gesammelte Gedichte, hg. v. V. Bohn, Frankfurt/Main: Suhrkamp 1993, S. 196. – Die höchste Kunst ist die Backkunst (S. 119), in: Ritter, Dene, Voss, Frankfurt/Main: Suhrkamp 1984, S. 110-112.

JAKOB BÖHME (1575-1624)

Darum ist alles Fabel und Babel (S. 29), aus: De aequanimitate oder Von der wahren Gelassenheit (1622), in: Jakob Böhme, Christosophia, hg. v. G. Wehr, Frankfurt/Main: Insel 1992, S. 95.

ELISABETH BORCHERS (geb. 1926)

Neuer Tag (S. 126), in: Von der Grammatik des heutigen Tages. Gedichte, Frankfurt/Main: Suhrkamp 1992, S. 48.

BERTOLT BRECHT (1898-1956)

Rudern. Gespräche (S. 111), aus: Buckower Elegien (1953), in: Ausgewählte Werke in sechs Bänden, Band 3, Frankfurt/Main: Suhrkamp 1997, S. 401 – Vergnügungen (S. 111) (um 1954), in: ebenda, Band 4, Frankfurt/Main: Suhrkamp 1997, S. 441.

MARTIN BUBER (1878-1965)

Alle Menschen haben Zugang zu Gott (S. 110), in: Einsichten (1953), Frankfurt/Main: Insel 573, S. 23 (7. Aufl. 1991).

HANS CAROSSA (1878-1956)

Selige Gewißheit (1912) (S. 79), in: Gedichte, hg. v. E. Kampmann-Carossa, Frankfurt/Main: Insel 1995, S. 35 f. – Was uns am tiefsten trennt (1917) (S. 85), in: ebenda, S. 140 – Der alte Brunnen (1924) (S. 107), in: ebenda, S. 66.

PAUL CELAN (1920-1970)

Der Andere (1952) (S. 110), in: Gedichte aus dem Nachlaß, hg. v.

B. Badiou, J.-C. Rambach, B. Wiedemann, Frankfurt/Main: Suhrkamp 1997, S. 29.

MARCUS TULLIUS CICERO (106-43 v. Chr.)
Die Folgerung der Stoiker ist einfach (S. 16), in: Gespräche in Tusculum (56 v. Chr.), übers. u. hg. v. Olof Gigon, © Artemis & Winkler Verlag, Düsseldorf und Zürich, 6. Aufl. 1992, S. 379.

EMIL M. CIORAN (1911-1995)
Der Mensch ist Kunst (S. 105), in: Leidenschaftlicher Leitfaden (1941/44), übers. v. F. Leopold, Frankfurt/Main: Suhrkamp 1996, S. 24 f.

MEISTER ECKHART (1260-1327)
Man liest im Buch der Väter (S. 26), in: Das Buch der göttlichen Tröstung (1311), hg. u. übers. v. J. Quint, Frankfurt/Main: Insel 1987, S. 59.

JOSEPH VON EICHENDORFF (1788-1857)
Ewigs Träumen von den Fernen (1810) (S. 58), in: Werke, Band 1, hg. v. H. Schultz, Frankfurt/Main: Deutscher Klassiker Verlag 1987, S. 14 f.

MIRCEA ELIADE (1907-1986)
Schließlich ist es der Wunsch (S. 113), in: Mephistopheles und der Androgyn (1962), übers. v. F. Leopold, Frankfurt/Main: Insel 1999, S. 108 f.

FRIEDRICH ENGELS (1820-1898)
Aber die Liebe! (S. 77), aus: Ludwig Feuerbach und der Ausgang der klassischen deutschen Philosophie (1888), in: Karl Marx, Friedrich Engels, Berlin: Dietz 1956, Bd. 21, S. 289.

HANS MAGNUS ENZENSBERGER (geb. 1929)
Friedenskongreß (S. 112), aus: Davor (1955-70), in: Die Gedichte: Suhrkamp 1983, S. 270.

EPIKTET (50-138)
Wenn dir jemand hinterbringt (S. 16), in: Wege zum glücklichen Handeln (um 80), übers. v. W. Capelle, hg. v. M. Fuhrmann, Frankfurt/Main: Insel, S. 36.

LUDWIG FEUERBACH (1804-1872)
Wer ist also unser Erlöser und Versöhner? (S. 69), aus: Das Wesen

des Christentums (1841), hg. v. W. Schuffenhauer, Berlin: Akademie-Verlag 1956, Bd. 1, S. 109 – Das Wort hat erlösende, versöhnende . . . Kraft (S. 69), in: ebenda, S. 144-145 – Und jetzt leben wir im Zeitalter der Versöhnung! Jawohl! (S. 70), in: ebenda, Anm. 132.

PAUL FLEMMING

Sei dennoch unverzagt (1641) (S. 29), in: Die deutsche Literatur vom Mittelalter bis zum 20. Jahrhundert, Bd. 3, hg. v. A. Schöne, München: C. H. Beck 1968, S. 717.

GELLERT, CHRISTIAN FÜRCHTEGOTT (1715-1769)

Der Wucherer (S. 31), aus: Fabeln und Erzählungen (1746/48), in: Werke, hg. v. G. Honnefelder, Frankfurt/Main: Insel 1979, Band 1, S. 127 f.

JOHANN WOLFGANG GOETHE (1749-1832)

Eure Versöhnung war ein wenig zu schnell (S. 33), aus: Götz von Berlichingen mit der eisernen Hand (1773), in: Sämtliche Werke. Briefe, Tagebücher und Gespräche, Band 4, hg. v. D. Borchmeyer, Frankfurt/Main: Deutscher Klassiker Verlag 1985, S. 317 f. – Wandrers Nachtlied (1776; Ein gleiches 1780) (S. 39), in: ebenda, Band 1 (1987), hg. v. K. Eibl, S. 229, 388 – Laß deine Seele sich zum Frieden wenden (S. 45), aus: Iphigenie auf Tauris (1779/1786), in: ebenda, Band 5 (1988), hg. v. D. Borchmeyer, S. 618 f. – Die Grundpfeiler dieser herrlichen Brücke (S. 53), aus: Das Märchen (1795), in: ebenda, Band 9 (1992), hg. v. W. Voßkamp u. H. Jaumann, S. 1111 – Gleich ist alles versöhnt (S. 59), aus: Sprichwörtlich (1812/15), in: ebenda, Band 2 (1988), hg. v. K. Eibl, S. 398 – Selige Sehnsucht (S. 61), aus: West-östlicher Divan (1819), in: ebenda, Band 3/I (1994), hg. v. H. Birus, S. 24 f. – Aussöhnung (1823) (S. 64), in: ebenda, Band 2, S. 462 – Dämmrung senkte sich von oben (S. 66), aus: Chinesisch-deutsche Jahres- und Tageszeiten (1829/30), in: ebenda, Band 2, S. 697 – Große Talente sind das schönste Versöhnungsmittel (1825) (S. 67), in: ebenda, Band 13 (1993), hg. v. H. Fricke, S. 73 – Alles kommt bei der Mission darauf an (Nachlaß, nicht datierbar) (S. 67), in: ebenda, Band 13, S. 85.

JEREMIAS GOTTHELF (1797-1854)
Darum gehorcht, versöhnt euch mit den Menschen (S. 70), aus:
Geld und Geist (1844), in: Ausgewählte Werke, hg. v. W. Muschg,
Zürich: Diogenes, Bd. 5, S. 82.

BALTHASAR GRACIAN (Ende 16. Jh.-1658)
Den Ruf der Höflichkeit erwerben (S. 30), in: Hand-Orakel und
Kunst der Weltklugheit (1647), übers. v. A. Schopenhauer, hg. v.
O. v. Taube, Frankfurt/Main: Insel 1994, S. 57 f.

FRANZ GRILLPARZER (1791-1872)
Die Schwäche macht versöhnlich! (S. 65), aus: König Ottokars
Glück und Ende (1825), in: Sämtliche Werke, hg. v. P. Frank u.
K. Pörnbacher, München: Hanser 1960, Bd. 1, S. 1032.

HAGIGA
Wer das Recht des Fremden verletzt (S. 26), aus: Hagiga, 5 a, in:
Schätze jüdischer Weisheit, Bern-München-Wien: Scherz o. J.,
S. 31.

PETER HANDKE (geb. 1942)
Diese Dauer, was war sie? (S. 124), Gedicht an die Dauer, Frank-
furt/Main: Suhrkamp 1986, S. 10/53.

EDUARD HARTMANN (1842-1906)
Die Versöhnung, welche die Philosophie bietet (S. 74), in: Philo-
sophie des Unbewußten (1869), Leipzig: Wilhelm Friedrich o. J.,
Bd. 2, S. 518.

WILHELM HAUFF (1802-1827)
Nur so viel will ich noch sagen (S. 65), aus: Märchen-Almanach
auf das Jahr 1827, in: Sämtliche Werke, hg. v. S. v. Steinsdorff,
München: Winkler 1970, Bd. 2, S. 137-138.

FRIEDRICH HEBBEL (1813-1863)
Das ist der Grund, weshalb man trinken muß (S. 70), aus: Ge-
noveva (1843), in: Werke, hg. v. G. Fricke, W. Keller u. K. Pörnbacher, München: Hanser 1963, Bd. 1, S. 142 – Trat die Versöhnung je in Eisen auf? (S. 73), aus: Die Nibelungen (1862), in:
ebenda, Bd. 2, S. 315.

JOHANN PETER HEBEL (1760-1826)
Der Friedensstifter (S. 59), aus: Johann Peter Hebel, Kalenderbei-

träge aus dem Jahr 1814, in: Schatzkästlein des rheinischen Hausfreundes, hg. v. J. Knopf, Frankfurt/Main: Insel 1984, S. 449 f.

GEORG WILHELM FRIEDRICH HEGEL (1770-1831)
Die Versöhnung ist die Anerkennung (S. 62), aus: Wissenschaft der Logik (1812/16), in: Werke, hg. v. E. Moldenhauer u. K. M. Michel, Frankfurt/Main: Suhrkamp 1979, Bd. 5, S. 192-193. – Die Philosophie ist dann die Versöhnung des Verderbens (S. 62), aus: Vorlesungen über die Geschichte der Philosophie (1816/30), in: ebenda, Bd. 18, S. 71-72 – Versöhnung, die Einheit des Endlichen (S. 62), in: ebenda, S. 496 – ... in der Philosophie hat der Geist (S. 62), aus: Enzyklopädie der philosophischen Wissenschaften im Grundrisse (1817), in: ebenda, Bd. 8, S. 15.

HEINRICH HEINE (1797-1856)
Im Mittelalter herrschte unter dem Volke die Meinung (S. 67), aus: Die romantische Schule (1836), in: Werke und Briefe, hg. v. H. Kaufmann, Berlin u. Weimar: Aufbau, 2. Aufl. 1972, Bd. 5, S. 130-131. – Guter Rat (S. 71), aus: Gedichte 1853/54, in: Werke in vier Bänden, Band 1, hg. v. C. Siegrist, Frankfurt/Main: Insel 1968, S. 249 f.

HERAKLIT (um 550-um 480)
Dasselbe ist: lebendig und tot [Fragment 67] (S. 15), in: Die Vorsokratiker I, hg. u. übers. v. J. Mansfield, Stuttgart: Reclam 1983, S. 265.

HERMANN HESSE (1877-1952)
Die beiden Brüder (1887) (S. 76) [Das Märchen, die älteste erhaltene Prosaarbeit von Hesse, schrieb er mit 10 Jahren], in: Die Märchen, hg. v. V. Michels, Frankfurt/Main: Insel 1995, S. 418 f. – Spät auf der Straße (S. 105), in: Vom Baum des Lebens (1934). Ausgewählte Gedichte, Frankfurt/Main: Insel, 25. Aufl. 1995, S. 35.

WOLFGANG HILDESHEIMER (1916-1991)
Nachwort (1973) (S. 117), in: Gesammelte Werke in sieben Bänden, hg. v. C. L. Hart Nibbrig u. v. Jehle, Bd. 7, S. 550.

HI-NENG (638-713)
Dann sprach der Meister (S. 23), in: Zen. Aussprüche und Verse

der Zen-Meister, hg. v. P. Weber-Schäfer, Frankfurt/Main: Insel 1964, S. 16.

FRANZ HODJAK (geb. 1944)
Federflug (S. 127), Ankunft Konjunktiv. Gedichte, Suhrkamp 1997, S. 25.

FRIEDRICH HÖLDERLIN (1770-1843)
Versöhnung ist mitten im Streit (S. 7), aus: Hyperion (1797/99), in: Sämtliche Gedichte und Hyperion, hg. v. J. Schmidt, Frankfurt/Main: Insel 1999, S. 640 – Palinodie (1793/1806) (S. 52), in: ebenda, S. 376 – Und o, Vergessenheit! Versöhnerin! (S. 55), aus: Der Tod des Empedokles (1800), in: Sämtliche Werke, hg. v. F. Beissner, Stuttgart: Cotta 1946/62, Bd. 4, S. 79.

PETER HUCHEL (1903-1981)
Die Versöhnung (S. 85), in: Die Gedichte, hg. v. A. Vieregg, Frankfurt/Main: Suhrkamp 1997, S. 320 – Nichts zu berichten (1973/77) (S. 116), in: Gedichte, hg. v. P. Wapnewski, Frankfurt/Main: Suhrkamp 1989, S. 145.

JEAN PAUL (1763-1825)
Nichts beweget den Menschen mehr (S. 54), aus: Hesperus (1795), in: Werke, hg. v. N. Miller u. G. Lohmann, München: Hanser 1959/63, 1. Abt., Bd. 1, S. 1015 – ... so teilen zwei Menschen (S. 54), in: ebenda, S. 1071 – Es gibt einen mißlichen Zustand (S. 55), aus: Siebenkäs (1796/97), in: ebenda, 1. Abt., Bd. 2, S. 318.

HANS JOAS
Ethos der Differenz (S. 127), in: Die Entstehung der Werte, Frankfurt/Main: Suhrkamp 1997, S. 251.

FRANZ KAFKA (1883-1924)
Die Schwester eilte zur Mutter (S. 81), in: Die Verwandlung (1915), Frankfurt/Main u. Leipzig: Insel, 6. Aufl. 1999, S. 72-76.

MARIE LUISE KASCHNITZ (1901-1974)
Versöhnung (S. 107), aus: Gedichte (1947), in: Gesammelte Werke, hg. v. Chr. Büttrich u. N. Miller, Band 5, Frankfurt/Main: Insel 1985, S. 661. © Hamburg: Claassen & Goverts 1947.

GOTTFRIED KELLER (1819-1890)
Sie erhoben sich (S. 73), aus: Die Leute von Seldwyla (1856/74), in:

Sämtliche Werke, Band 4, hg. v. Th. Böning, Frankfurt/Main:
Deutscher Klassiker Verlag 1989, S. 594.

EDUARD VON KEYSERLING (1855-1918)
Der Weg der Liebe (S. 80), in: Harmonie (1914), Frankfurt/Main:
Suhrkamp 1989, S. 122.

SÖREN KIERKEGAARD (1813-1855)
So söhnt sich die Ästhetik mit dem Leben aus (S. 70), aus: Ent-
weder-Oder (1843), übers. v. A. Michelsen u. O. Gleiß, Leipzig:
Richter 1885, S. 443.

HEINRICH VON KLEIST (1777-1811)
Gott zeigt den Weg selbst (S. 57), aus: Die Familie Schroffenstein
(1803), in: Werke und Briefe, hg. v. S. Streller, Berlin: Aufbau
1978, Bd. 1, S. 176 bis 177.

FRIEDRICH GOTTLIEB KLOPSTOCK (1724-1803)
Sing, unsterbliche Seele (S. 32), aus: Der Messias (1748/73), in:
Ausgewählte Werke, hg. v. K. A. Schleiden, München: Hanser
1962, S. 197.

ADOLPH VON KNIGGE (1752-1796)
Sei nur trotzig (S. 50), aus: Über den Umgang mit Menschen
(1788), hg. v. G. Ueding, Frankfurt/Main: Insel 1977, S. 249 f.

KONFUZIUS (551-479)
Rechtsstreitigkeiten schlichten (S. 15), in: Die Weisheit des Konfu-
zius, hg. u. übers. v. H. O. H. Stange, Frankfurt/Main: Insel 1964,
S. 43.

KARL KROLOW (1915-1999)
Schlaf ein wenig (S. 118), aus: Neue Gedichte (1983), in: Gesammelte Gedichte, Frankfurt/Main: Suhrkamp 1985, Band 3, S. 247
– Zärtlichkeit (S. 125), in: Ich höre mich sagen. Gedichte, Frank-
furt/Main: Suhrkamp 1992, S. 67.

FRIEDRICH ALBERT LANGE (1828-1875)
Was die ästhetische Seite des religiösen Lebens betrifft (S. 73), in:
Geschichte des Materialismus (1866), hg. v. A. Schmidt, Frank-
furt/Main: Suhrkamp 1974, S. 969.

ELSE LASKER-SCHÜLER (1869-1945)
Versöhnung (1920) (S. 91), in: Gesammelte Werke in drei Bänden,

hg. v. F. Kemp, Frankfurt/Main: Suhrkamp 1996, Bd. 1, S. 155 – Der Versöhnungstag (1920/32) (S. 92), in: ebenda, Bd. 2, S. 743-751.

NIKOLAUS LENAU (1802-1850)
Noch ist es Zeit (S. 68), aus: Savonarola (1837), in: Sämtliche Werke und Briefe, hg. v. W. Dietze, Leipzig: Insel 1970, Band 1, S. 686.

GOTTHOLD EPHRAIM LESSING (1729-1781)
Die Vorspiele der Versöhnung (S. 33), aus: Sinngedichte (1771), in: Gesammelte Werke, hg. W. Stammler, München: Hanser 1959, Bd. 1, S. 39 f. – Vor grauen Jahren (S. 40), aus: Nathan der Weise (1779), in: Werke und Briefe, Band 9, hg. v. K. Bohnen u. A. Schilson, Frankfurt/Main: Deutscher Klassiker Verlag 1993, S. 555-560.

GEORG CHRISTOPH LICHTENBERG (1792-1799)
Wie wenn einmal die Sonne nicht wiederkäme (S. 34), aus: Amintors Morgen-Andacht, in: Schriften und Briefe, hg. v. W. Promies, München: Hanser 1967, Bd. 3, S. 78-79.

WLADIMIR MAJAKOWSKIJ (1893-1930)
Kein Schrei verläßt (S. 84), aus: Wirbelsäulenflöte (1915), in: Ich. Ein Selbstbildnis, hg. u. übers. v. K. Dedecius, Frankfurt/Main: Suhrkamp, 2. Aufl. 1993, S. 97.

CONRAD FERDINAND MEYER (1825-1898)
Der römische Brunnen (1882) (S. 75), in: Epochen der deutschen Lyrik, Bd. 8, hg. v. R.-R. Wuthenow, München: Deutscher Taschenbuch Verlag, 3. Aufl. 1981, S. 293.

MICHELANGELO BUONAROTI (1475-1564)
O süße, wenn auch schwarze Zeit (1542/46) (S. 26), in: Gedichte, hg. u. übers. v. M. Engelhard, Frankfurt/Main: Insel 1992, S. 151.

ALEXANDER MITSCHERLICH (1908-1982)
Unleugbar wird hier die Grenze sichtbar (S. 114), aus: Aggression und Anpassung (1968), in: Die Idee des Friedens und die menschliche Aggressivität, Frankfurt/Main: Suhrkamp, 17. Aufl. 1993, S. 60-62.

MARDOCEUS NELLE
Studier nun daraus du bist (1753) (S. 33), in: Gershom Scholem,

Alchemie und Kabbala, Frankfurt/Main: Suhrkamp 1984 (entst. 1925), S. 62 f.

JOHANN NEPOMUK NESTROY (1801-1862)

Jedes Gemüt ist halt nicht so aus Versöhnungsstoff gewebt (S. 71), aus: Das Mädl aus der Vorstadt (1845), in: Werke, hg. v. O. M. Fontana, München: Winkler 1962, S. 398.

FRIEDRICH NIETZSCHE (1844-1900)

Unter dem Zauber des Dionysischen (S. 74), aus: Nietzsche: Die Geburt der Tragödie (1872), in: Werke, hg. v. K. Schlechta, München: Hanser 1954, Bd. 1, S. 24 – Zehnmal mußt du dich wieder mit dir selber versöhnen (S. 76), aus: Also sprach Zarathustra (1883/85), in: ebenda, Bd. 2, S. 295.

NOVALIS (1772-1801)

Der Abend (1789), (S. 51), in: Werke in einem Band, hg. v. H.-J. Mähl u. R. Samuel, München: Hanser 1981, S. 47 – Das Ende des Haders (S. 55), aus: Glauben und Liebe und Politische Aphorismen (1798), in: ebenda, S. 486 – Die andern Weltteile warten auf Europas Versöhnung (S. 55), aus: Die Christenheit oder Europa (1799), in: Schriften, hg. v. P. Kluckhohn u. R. Samuel, Bd. 1, Stuttgart: Kohlhammer 1960/77, Bd. 3, S. 524 – Der Liebe weicht und dem Gesange (S. 56), aus: Heinrich von Ofterdingen (postum 1802), in: ebenda, Bd. 1, S. 228.

PLUTARCH (46-125)

Die Verfassung Zenons (S. 17), aus: Von Alexanders des Großen Glück oder Tapferkeit 1-6, in: Religionsgeschichtliches Textbuch zum Neuen Testament, hg. v. K. Berger u. C. Colpe, Göttingen und Zürich: Vandenhoeck & Ruprecht 1987, S. 205 f. (Nr. 366): zu Eph 2, 14-17.

ALEXANDER PUSCHKIN (1799 1837)

Der Engel, 1827 (S. 65), in: Die Gedichte. Russisch u. deutsch, übers. v. M. Engelhard, hg. v. R.-D. Keil, Frankfurt/Main: Insel 1999, S. 575.

RAINER MARIA RILKE (1875-1926)

Der liebe Gott aber war ernstlich böse (S. 78), aus: Geschichten vom lieben Gott und Anderes (1905), in: Sämtliche Werke, hg. v.

E. Zinn, Frankfurt/Main 1955/97, Bd. 4, S. 293-294. – Sonett (1919) (S. 86), in: Werke. Kommentierte Ausgabe in vier Bänden, Bd. 2, hg. v. M. Engel u. U. Fülleborn, Frankfurt/Main: Insel 1996, S. 163.

FRANCOIS LA ROCHEFOUCAULD (1613-1680)
Der Neid ist unversöhnlicher (S. 31), in: 150 Maximen (1665), hg. u. übers. v. J. Schmidt, Heidelberg: Lambert Schneider, 4. Aufl. 1979, S. 23.

FRANZ ROSENZWEIG (1886-1929)
So zweifelte die Seele (S. 100), in: Der Stern der Erlösung (1921), Frankfurt/Main: Suhrkamp 1988, S. 201.

SAINT-JOHN PERSE (1887-1975)
Zwist, ich kenne dich nicht! (S. 108), aus: Winde (1946), übers. u. hg. v. F. Kemp, Frankfurt/Main: Suhrkamp 1964 (BS 122) © Carl Hanser Verlag München 1980, zit. nach: Ermutigungen, hg. v. R. Malkowski, Frankfurt/Main: Insel 1988, S. 49.

PEDRO SALINAS (1891-1951)
Verzeih mir (S. 104), aus: Die Stimme, die ich dir verdanke (1931/33), in: Gedichte, übers. v. R. Wittkopf, Frankfurt/Main: Suhrkamp 1990, S. 75.

FRIEDRICH WILHELM JOSEF SCHELLING (1775-1854)
Die neue Welt beginnt (S. 56), aus: Vorlesungen über die Methode des akademischen Studiums 1803, in: Werke, hg. v. O. Weiß, Leipzig: Eckardt 1907, Bd. 2, S. 620-621.

FRIEDRICH SCHILLER (1759-1805)
Und die Schale der Versöhnung flatterte hoch auf (S. 34), aus: Die Räuber (1773/80), in: Werke und Briefe, Bd. 2, hg. v. G. Kluge, Frankfurt/Main: Deutscher Klassiker Verlag 1988, S. 143 – Unser Schuldbuch sei vernichtet! (S. 40), aus: An die Freude (1782/94), in: Sämtliche Gedichte, hg. v. Jochen Golz, Frankfurt/Main: Insel 1991, S. 170 – Jetzt, oder nie! – Versöhnung, Vater! (S. 47), aus: Don Karlos (1787), in: Werke und Briefe, Band 3, hg. v. G. Kluge, Frankfurt/Main: Deutscher Klassiker Verlag 1989, S. 812-815. – Seht, was versucht nicht der Mensch (S. 54), aus: Xenien und Votivtafeln (1796), in: Sämtliche Gedichte 1991, S. 384 – Kein

Unrecht sei so blutig (S. 56), aus: Die Jungfrau von Orleans (1800/01), in: Werke und Briefe, Band 5, hg. v. M. Luserke, Frankfurt/Main: Deutscher Klassiker Verlag 1996, S. 220.

REINHOLD SCHNEIDER (1903-1958)
Der Friede (1947) (S. 108), in: Gesammelte Werke, Band 5, hg. v. Chr. Perels, Frankfurt/Main: Insel 1981, S. 311.

ARTHUR SCHOPENHAUER (1788-1860)
Die dabei nun stattfindende Entzweiung und Versöhnung (S. 63), aus: Die Welt als Wille und Vorstellung (1819), in: Werke, hg. v. A. Hübscher, Zürich: Diogenes 1977, Bd. 4, S. 536.

GEORG SIMMEL (1858-1918)
... daß die Intellektualität doch ein Prinzip der Versöhnlichkeit ist (S. 78), aus: Philosophie des Geldes (1900), München u. Leipzig: Duncker & Humblot, 3. Aufl. 1920, S. 486.

THEODOR STORM (1817-1888)
Crucifixus (1885) (S. 75), in: Sämtliche Werke, Band 1, hg. v. D. Lohmeier, Frankfurt/Main: Deutscher Klassiker Verlag 1987, S. 67.

MARK STRAND (geb. 1934)
Die Dinge ganz lassen (S. 129), in: Dunkler Hafen. Gedichte (das zit. Gedicht übers. v. R. Weihe), Frankfurt/Main: Suhrkamp 1997, S. 11.

ALTES TESTAMENT
Und er sprach zu mir (S. 9), Hesekiel 43, 18-26. – Aller Bosheit wird das Maul gestopft werden (S. 10), Psalm 107 – Und der HERR redete mit Mose (S. 12), 2. Mose 23, 26-32. – Da konnte sich Joseph nicht länger enthalten (S. 13), 1. Mose 46, 1-28. – Alle Texte nach: Lutherbibel von 1912.

NEUES TESTAMENT
Das Gleichnis vom verlorenen Sohn (S. 18), Luk. 15, 11-32 – Alle, die mit Christus verbunden sind (S. 19), 2. Kor. 5, 17-21 – Doch es gibt jetzt einen anderen Weg (S. 20), Röm. 3, 21-31 – alle Texte nach: Neues Testament und frühchristliche Schriften, übers. u. hg. v. K. Berger u. C. Nord, Frankfurt/Main: Insel 1999.

PAUL VALÉRY (1871-1945)
Höflichkeit ist geregelte Gleichgültigkeit (S. 104), in: Windstriche (1926), übers. v. B. Böschenstein, H. Staub u. P. Szondi, Frankfurt/Main: Suhrkamp 1995, S. 27, © Insel Verlag Frankfurt/Main 1991.

MARTIN WALSER (geb. 1927)
Er kann sich nicht satt sehen (S. 126), in: Meßmers Gedanken (1985), Frankfurt/Main: Suhrkamp 1992, S. 104, © Suhrkamp Verlag Frankfurt/Main 1985.

ROBERT WALSER (1878-1956)
Saul und David (1919) (S. 87), in: Romane und Erzählungen, hg. v. J. Greve u. V. Michels, Frankfurt/Main: Suhrkamp 1984, Bd. 6, S. 140-143.

RICHARD VON WEIZSÄCKER (geb. 1920)
... daß es Versöhnung ohne Erinnerung gar nicht geben kann (S. 121), aus: Der 8. Mai 1945 (1985), in: Deutsche Reden ..., hg. v. G. Ueding, Frankfurt/Main u. Leipzig: Insel 1999, S. 274-283.

WOLFRAM VON ESCHENBACH (1170/80-1220)
Sag, was quält dich so (S. 23), aus: Parzival (nach 1200), in: Dieter Kühn, Der Parzival des Wolfram von Eschenbach, Frankfurt/Main: Insel 1986, S. 880-882.

Zu dieser Ausgabe

insel taschenbuch 2779: *Von der Versöhnung*. Der Text folgt der Ausgabe: *Von der Versöhnung*, die 1999 in der Reihe »Lektüre zwischen den Jahren« im Insel Verlag erschienen ist.

Inhalt

Philosophie im insel taschenbuch
Eine Auswahl

Augustinus. Bekenntnisse. it 1002. 1046 Seiten

Augustinus. Liebe und tu, was du willst. Ausgewählt von Michael Treberian. Großdruck. it 2382. 90 Seiten

Boethius. Trost der Philosophie. Zweisprachige Ausgabe. Übersetzt von Ernst Neiztke. Mit einem Vorwort von Ernst Ludwig Grasmück. it 1215. 344 Seiten

Epiktet. Wege zum glücklichen Handeln. Übersetzt von Wilhelm Capelle. it 1458. 221 Seiten

Epikur. Philosophie der Freude. Hauptlehrsätze. Spruchsammlung. Fragmente. Übertragen und mit einem Nachwort versehen von Paul M. Laskowsky. it 1057. 121 Seiten

Kant-Brevier. Ein philosophisches Lesebuch für freie Minuten. it 61. 230 Seiten

Georg Christoph Lichtenberg
- Aphorismen. In einer Auswahl. Herausgegeben und mit einem Nachwort versehen von Kurt Batt. it 165. 316 Seiten
- Krokodile im Stadtgraben. Sudelsprüche und Schmierbuchnotizen. Ausgewählt und mit Zeichnungen versehen von Robert Gernhardt. it 2595. 321 Seiten
- Lichtenbergs Funkenflug der Vernunft. Herausgegeben von Jörg-Dieter Kogel, Wolfram Schütte und Harro Zimmermann. it 1414. 128 Seiten

- Sudelbücher. Herausgegeben von Franz H. Mautner. Mit einem Nachwort, Anmerkungen zum Text, einer Konkordanz der Aphorismen-Nummern und einer Zeittafel. it 792. 683 Seiten

Michel de Montaigne. Essais. Herausgegeben und mit einem Nachwort versehen von Ralph-Rainer Wuthenow. Revidierte Fassung der Übertragung von Johann Joachim Bode. it 220. 307 Seiten

Friedrich Nietzsche
- Also sprach Zarathustra. Ein Buch für Alle und Keinen. Thomas Mann: Die Philosophie Nietzsches im Lichte unserer Erfahrung. it 145. 368 Seiten
- Der Antichrist. Versuch einer Kritik des Christentums. it 947. 126 Seiten
- Briefe. Ausgewählt von Richard Oehler. Mit einem Essay von Ralph-Rainer Wuthenow. it 1546. 412 Seiten
- Ecce homo. Mit einem Vorwort von Raoul Richter und einem Nachwort von Ralph-Rainer Wuthenow. it 290. 164 Seiten
- Die fröhliche Wissenschaft. Mit einem Nachwort von Ralph-Rainer Wuthenow. it 635. 318 Seiten
- Die Geburt der Tragödie aus dem Geiste der Musik. Mit einem Nachwort von Peter Sloterdijk. it 1012. 219 Seiten
- Gedichte. Nach den Erstdrucken 1878 bis 1908. Herausgegeben von Ralph Kray und Karl Riha. it 1622. 162 Seiten
- Götzen-Dämmerung oder Wie man mit dem Hammer philosophiert. Herausgegeben von Karl Schlechta. it 822. 123 Seiten
- Jenseits von Gut und Böse. Mit der Streitschrift ›Zur Genealogie der Moral‹ und einem Nachwort von Ralph-Rainer Wuthenow. it 762. 391 Seiten

Platon für Gestreßte. Ausgewählt von Michael Schroeder. it 2189. 110 Seiten

Platons Mythen. Ausgewählt und eingeleitet von Bernhard Kytzler. it 1978. 224 Seiten

Platon. Das Trinkgelage oder Über den Eros. Übertragung, Nachwort und Erläuterungen von Ute Schmidt-Berger. Mit einer Wirkungsgeschichte von Jochen Schmidt und griechischen Vasenbildern. it 681. 225 Seiten

Jean-Jacques Rousseau. Bekenntnisse. Übersetzt von Ernst Hardt. Mit einer Einführung von Werner Krauss. it 823. 917 Seiten

Arthur Schopenhauer
- Aphorismen zur Lebensweisheit. Vollständige Ausgabe mit Erläuterungen und Übersetzung der fremdsprachlichen Zitate. Mit einem Nachwort von Hermann von Braunbehrens. it 223. 272 Seiten
- Kleines Schopenhauer-Brevier. Gedanken aus dem handschriftlichen Nachlaß. Auswahl und Nachwort von Rudolf Malter. 285 Seiten. Pappband
- Die Kunst, Recht zu behalten. In achtunddreißig Kunstgriffen dargestellt. Herausgegeben von Franco Volpi. it 1658. 128 Seiten
- Wege zum Glück. Erkenntnisse zur Lebensbewältigung. Ausgewählt von Ursula Michels-Wenz. it 2171. 382 Seiten
- Die Welt als Wille und Vorstellung. Textkritisch bearbeitet und herausgegeben von Wolfgang Freiherr von Löhneysen. Zwei Bände. it 1873. 2656 Seiten
- Schopenhauer für Gestreßte. Ausgewählt von Ursula Michels-Wenz. it 2504. 126 Seiten

Arthur Schopenhauer. Leben und Werk in Texten und Bildern. Von Angelika Hübscher. it 1059. 368 Seiten

Seneca
- Seneca für Gestreßte. Ausgewählt von Gerhard Fink.
  it 1940. 102 Seiten
- Seneca für Manager. Sentenzen. Ausgewählt und übersetzt
  von Gerhard Schoeck. it 1656. 120 Seiten
- Vom glücklichen Leben. Übersetzt von Heinz Berthold.
  it 1457. 205 Seiten
- Von der Seelenruhe. Philosophische Schriften und Briefe.
  Herausgegeben und übersetzt von Heinz Berthold.
  it 743. 430 Seiten

Voltaire. Candide oder der Optimismus. Mit Zeichnungen
von Paul Klee. it 11. 192 Seiten

Voltaire. Sämtliche Romane und Erzählungen. Mit einer Ein-
leitung von Victor Klemperer und Stichen von Moreau le
Jeune. Übersetzt von Ilse Lehmann. it 209. 489 Seiten

Voltaire. Leben und Werk in Texten und Bildern. Von Horst
Günther. it 1652. 129 Seiten

NF 43/5/8.00